LE DÉPARTEMENT DU

DOUBS

TEXTE : VÉRONIQUE VUILLEMIN-FILIPPI
PHOTOS : DENIS MARAUX

EDITIONS LA TAILLANDERIE

Sommaire

Les bassins du Doubs, peu après Villers-le-Lac

Collection « À TRAVERS LES DÉPARTEMENTS »
dirigée par Gérald Gambier
Infographie : Patricia Graizely

- rue des Frères Lumière
01400 Châtillon-sur-Chalaronne
Tél : 04 74 55 16 59
Fax : 04 74 55 14 27
- 22, rue Juiverie - Vieux-Lyon
69005 Lyon
Tél/fax : 04 78 39 80 53
e-mail : editions-la-taillanderie@club-internet.fr

ISBN 2-87629-230-0
ISSN en cours

À propos du
Doubs

Port-Titi, sur les rives du lac Saint-Point.

Le Doubs doit son nom à la rivière qui le traverse et prend sa source au cœur de ses montagnes, pour suivre un chemin sinueux au possible, héritage de son étymologie latine *dubius*, l'incertain.

Né officiellement en 1790 lors de la division de la province franc-comtoise en départements, le Doubs côtoie alors le Jura et la Haute-Saône. Il faudra attendre 1871 pour que le Territoire-de-Belfort vienne rejoindre le trio.

En 1793, les terres du Pays de Montbéliard sont adjointes au département du Doubs, lui donnant, hormis quelques minimes modifications ultérieures, sa forme et sa surface actuelle de 5 233 km^2, doté au dernier recensement (1999) de 498 426 habitants. Besançon, sa capitale, est également celle de la Franche-Comté.

Adossé à la Suisse, dont il partage la frontière sur 170 kilomètres, le Doubs est aussi installé tout à l'est, sur une large bande de la chaîne jurassienne. Dans cette longue portion montagneuse, le massif écarte ses grands plis parallèles, y alternant monts et vals, se creusant de cluses abruptes, s'étalant en de larges combes isolées. Ici, l'air est vif et frais, jouant entre les hautes sapinières qui coiffent les sommets. Au-dessus de 800 mètres, le vert sombre est la teinte dominante du paysage, les résineux moutonnant à perte de vue en bataillons serrés, éclairé ça et là par le vert clair des pâtures d'altitude. Curieusement, la chaîne jurassienne, même dans sa partie la plus haute, reste une montagne accessible. Dans le Doubs, elle culmine au mont d'Or à 1 463 mètres d'altitude.

Plus à l'ouest, la chaîne abaisse une ou deux marches, s'étageant entre six cents et huit cents mètres sur les deuxièmes plateaux. Moins de crêtes, des lignes adoucies, mais encore des sapins, environnés désormais de feuillus où domine le hêtre. Les caprices de la nature ont creusé ça et là des gorges encaissées, créant les vallées du Dessoubre, de la Loue ou du Lison. Ce sont pour les deux dernières une situation sur les premiers plateaux, où l'altitude a encore baissé d'un cran, néanmoins comprise entre quatre cents et six cents mètres sur les hauteurs des gorges. Dans ces paysages chers à Courbet, l'eau est une toile de fond indissociable des collines boisées de feuillus et barrées de hautes falaises calcaires.

Le paysage montagnard n'est plus qu'un lointain souvenir à Besançon et au nord-ouest, dans la vallée de l'Ognon, ou encore au nord-est, à Montbéliard, désormais inscrits dans un paysage de plaines et de basses collines avoisinant les trois cents mètres.

Comme la fourmi de la fable, mieux vaut prévoir les hivers rigoureux...

Un pays vert

Trait dominant des décors du département : la verdure. Les essences forestières s'étagent selon une hiérarchie imposée par l'altitude. Avec une toison forestière couvrant 227 200 hectares, soit 43 % de son territoire, le Doubs est l'un des départements les plus boisés de France, ce qui lui a permis de décrocher, en 1995, la palme de 1er département vert de l'hexagone.

Si cette parure est l'un de ses charmes, elle fut autrefois un handicap sérieux sinon certain, lui conférant, comme dans le Jura, un aspect impénétrable et une situation isolée, aujourd'hui réduite, grâce au TGV, à deux heures trente de Paris via Besançon ou trois heures pour Pontarlier. L'autoroute A36 traverse le département de manière longitudinale en direction de l'Alsace au nord-est, rejoignant à l'ouest le Jura, par Dole. Le transport aérien sur place reste cependant le gros point noir, Bâle-Mulhouse et Genève étant les plus proches aéroports internationaux.

Les grandes forêts, qui furent jadis défrichées par des moines venus là y bâtir des prieurés, constituaient un rempart naturel où il n'était pas aisé de pénétrer. C'est sans doute une des raisons qui donne des habitants, au premier abord, une image de personnages distants n'accordant pas facilement leur confiance... Un dicton local affirme d'ailleurs qu'il faut avoir consommé un tonneau de sel avec un Comtois avant que la glace ne soit rompue. C'est tout dire !

Le climat y fut sans doute aussi pour beaucoup, à une époque où les grosses fermes, isolées dans les montagnes par la neige étaient coupées du monde extérieur, obligeant par là même leurs habitants à vivre en vase clos.

Mais aujourd'hui, même si les media colportent avec délectation que Mouthe détient les records nationaux de températures négatives, les hivers rigoureux, du moins dans le haut-Doubs, ne sont pas le reflet du temps dans l'ensemble du département.

Certes, le climat, de tendance semi-continentale, est rude et froid sur toute la portion

Résineux et troupeau de Montbéliardes : duo indissociable du haut-Doubs.

basse de la zone frontalière, voire très froid au sud du département, mais l'enneigement connaît depuis quelques années une grande variabilité qui n'est pas sans inquiéter les stations de ski. Du côté de Mouthe et de Chapelle-des-Bois, la neige n'est plus comme jadis présente pendant de longs mois, ou à tout le moins n'est pas aussi épaisse, tandis que sa venue est devenue très tardive du côté du mont d'Or, pourtant sommet du département…

L'image globale de contrée polaire véhiculée par les cartes de la météo nationale ne correspond pas à la réalité, ne serait-ce que dans la capitale comtoise. Foin des idées reçues, Besançon ne voit en effet que rarement la neige, et si les pluies y sont froides et persistantes, le temps y est le même qu'à Paris, avec un jour de décalage. Car le Doubs est en revanche un département très arrosé, donnant souvent des printemps pluvieux.

L'été y est de même fort variable et rarement identique d'une année sur l'autre. Quand la chaleur s'installe, elle est rapidement lourde voire étouffante, ponctuée de fréquents orages. Avec mille neuf cents heures d'ensoleillement, le département se situe là aussi dans la moyenne française. Les nuits restent cependant particulièrement fraîches dans les coins les plus hauts de la montagne, où elles excèdent rarement 12°C.

Sur ces sommets du Doubs où les alpages forment d'immenses étendues paissent les vaches montbéliardes, qui constituent avec 215 000 têtes, le fleuron de l'élevage bovin en Franche-Comté. Ces exceptionnelles laitières produisent près de cinq millions d'hectolitres, soit 65 % du produit agricole final. La quasi-totalité du lait (80 %) est transformée en fromages (comté, emmental grang cru, cancoillotte, morbier, mont d'or…) qui font le renom de la Franche-Comté, l'une des régions les plus productives de France avec 102 200 tonnes (hors fromages fondus) pour l'année 2000.

Moins présent dans les pâtures du Doubs, le lourd cheval comtois est néanmoins l'autre dominante de l'élevage dans le département, avec un effectif de près de 13 000 têtes qui le classe en tête des chevaux de trait français.

TERRE D'ÉLECTION DU CINÉMA

Pays natal des frères Lumière, pères du cinématographe, le Doubs et la Franche-Comté sont devenus au fil des ans une destination fort prisée des metteurs en scène. Bien des tournages ont eu lieu ici, du court au long métrage, du documentaire au téléfilm.

La situation franc-comtoise, si proche de Paris, son cadre de verdure, ses décors de neige ou ses monuments en ont fait un cadre idéal pour de nombreuses maisons de productions parisiennes, aidées sur place par la Région et sa commission du film. Une manière originale d'assurer la promotion des terres comtoises, que l'on découvre dans des dizaines d'œuvres.

Pour n'en citer que quelques-uns, rappelons une poignée de célèbres tournages pour le grand écran qui se déroulèrent, au moins en partie, dans le Doubs : « *Mayerling* » de Terence Young, « *Le 7ème juré* » de Georges Lautner, « *Les granges brûlées* » de Jean Chapot, « *La truite* » de Joseph Losey, « *Les Misérables du XX*^e^ *siècle* » de Claude Lelouch, et plus récemment « *Les saigneurs* » de Jean-Pierre Mocky.

Jean-Pierre Mocky lors de son dernier tournage en Franche-Comté.

Eaux vives

Au fond d'une vallée encaissée, Laissey est baigné par le Doubs.

Si le manteau forestier, bordé de la verdure omniprésente des prairies et herbages est la dominante du paysage doubien, l'eau est sa deuxième constante. On ne se promènera quasiment nulle part sans être proche d'une rivière, sans apercevoir quelque jaillissement d'une anfractuosité rocheuse et parfois, la nappe tranquille d'un lac. Les cours d'eau forment ici un réseau de 1 654 kilomètres, dont les principaux sont le Doubs, la Loue ou le Dessoubre.

Quand la rivière serpente au creux des vallées, les maisons se serrent sur ses rives, là où l'eau calme son cours, comme à Ornans ou à Saint-Hippolyte.

Le lent travail souterrain des rivières est à l'identique, sinuant sous les roches, perçant un peu partout grottes et galeries, ciselant en surfa-

Après Avanne, le Doubs s'enroule en une boucle majestueuse.

A Chenecey-Buillon, un joli pont en pierre du XIXe siècle enjambe la Loue .

Mobilisation des politiques contre le « Grand canal » en mai 1997 à Besançon.

ce de profondes ouvertures pour jaillir avec force au fond des reculées, dans un *« bout du monde »*, appellation locale et poétique qui reflète bien le grandiose spectacle de l'eau à sa source.

Un réseau hydraulique dont les Comtois surent capter toute la puissance en installant au long des rives moulins, forges et taillanderies, augurant du savoir-faire qu'ils allaient acquérir dans de multiples branches de l'industrie.

On ne saurait parler des rivières du Doubs sans évoquer le canal du Rhône au Rhin, dont les travaux débutèrent en 1783, concernèrent Besançon en 1830 pour s'achever quatre ans plus tard. Élargi une première fois en 1882 avec le percement du tunnel sous la citadelle de Besançon, sa mise à grand gabarit, considérée d'utilité publique, est décidée en 1978. Levées de boucliers, manifestations et pétitions contre le *« Grand canal ? Projet dément ! »* portèrent leurs fruits en 1998, sa réalisation étant abandonnée.

De par sa richesse inépuisable, la forêt fut très tôt dans le Doubs une source importante de travail. Bûcherons, sangliers (un métier qui existe encore, consistant à *« lever »* les sangles d'épicéa dont on entoure certains fromages, tel le Mont d'Or), menuisiers et scieurs au long sont les pères de la *« filière bois »*. Spécificité des pays montagnards, le tavaillon, cette tuile de bois éclatée dont on couvrait les façades est de nouveau en vogue, le métier et la tradition perdurent encore.

Aujourd'hui, les scieries, dont les plus importantes peuvent débiter jusqu'à 30 000 m^3 annuels, sont légion sur le massif jurassien, alimentant principalement les travaux publics et le bâtiment. Elles s'orientent désormais vers des produits plus modernes tel le lamellé-collé.

Maisons individuelles à ossature bois, chalets et fabricants de meubles constituent les principales activités de la seconde transformation du bois.

Mais les deux principales sources de renommée du département restent indéniablement l'horlogerie et l'automobile. La première, née avec les paysans-horlogers du haut-Doubs, a vu l'émergence de quelques grands noms, parmi lesquels Péquignet, Herbelin, ou Silberstein. La profession, forte d'un long savoir-faire, continue à être très concentrée dans le Doubs, principalement implantée dans le secteur dit du *« haut-Doubs horloger »*, comprenant les cantons de Maîche, Morteau et Le Russey, où sont réunies 60 % des sociétés françaises fabriquant toutes les composantes d'une montre et qui génèrent 70 % du chiffres d'affaires national.

Cette prédilection pour la précision, acquise par la minutie que nécessite l'infiniment petit ont permis aux entreprises du Doubs de s'orienter vers les microtechniques, où elles ont acquis un savoir-faire reconnu dans les domaines de la micromécanique et de l'électronique.

Le secteur secondaire est donc le plus prisé : 36 % des actifs y travaillent, faisant du Doubs le département le plus industrialisé de l'hexagone, avec une répartition à 70 % dans les industries de précision et la métallurgie.

Un secteur qui comprend, pour une grande partie de ses emplois, l'automobile, indissociable de l'image du département depuis l'implantation de la firme Peugeot à Sochaux en 1912. Avec un effectif de 18 500 personnes, le centre de production sochalien fabrique 406, 307 et 607, à une cadence de mille deux cent cinquante véhicules par jour. Un vaste réseau de PME et de sous-traitants du Doubs, représentant plus de 25 000 personnes, officient donc dans l'équipementier automobile, couvrant des activités aussi diverses que la transformation des plastiques, la fonte des métaux, la mécanique ou encore l'électronique.

Ce département aux multiples facettes offre de remarquables intérêts touristiques, où l'environnement exceptionnel se prête aux longues promenades à pied, à skis ou en VTT, quand les rayons de soleil percent entre les sapins, nimbés d'une brume matinale, dans des décors sans cesse renouvelés, à découvrir dans les pages qui suivent…

L'une des caractéristiques du secteur agro-alimentaire départemental est de reposer sur deux types d'organisations très différentes : des petites coopératives « les fruitières » (existant depuis le XIIIe siècle) et des grands groupes : Perrin-Vermot, Petite, Fromagerie du Montagnon…

A Villers-le-Lac, une ferme se mire dans le Doubs.

LES CLOCHERS COMTOIS

Des dômes originaux, dits *« à l'impériale »* coiffent d'innombrables églises franc-comtoises. Reconnaissables à leur forme à quatre pans galbés, dont les angles arrondis sont accentués par des arêtiers en métal, ils ornent 665 églises sur les 1892 communes de la région.

Dans le Doubs, 257 édifices (sur 594 communes) sont couverts de ces clochers typiques de l'architecture religieuse comtoise. Si les hypothèses sont nombreuses, les spécialistes n'ont pas de certitudes quant à la date exacte de leur apparition ou de leur forme si particulière. D'aucuns ont cité l'église Saint-Jean à Besançon, dont le dôme à l'impériale fut édifié en 1729, remplaçant le clocher gothique qui s'était écroulé. L'archevêque de l'époque, autrefois aumônier d'un ancien roi polonais, aurait souhaité couvrir son église d'un clocher rappelant ceux de Pologne.

Une théorie aujourd'hui invalidée, les premiers clochers comtois étant a priori apparus à l'époque de la Renaissance… mais nul ne sait qui en fut l'inventeur. Il est certain cependant qu'un bon nombre d'églises, gravement endommagées par la guerre de Dix Ans et la conquête française, furent restaurées, voire entièrement reconstruites au XVIIIe siècle et coiffées à ce moment là de dômes à l'impériale. Une tradition qui perdura encore jusqu'au milieu du siècle suivant.

Dans la plupart des édifices, un piédouche - sorte de piédestal coiffé d'une boule – surmonte le dôme, lui-même terminé d'une croix qui porte le coq. Plus rarement un lanternon (en forme de lanterne) remplace le piédouche et peut abriter une ou des cloches : c'est alors un campanile.

Bien que les clochers comtois aient une base identique, ils ne sont pourtant pas semblables, leurs formes pouvant varier en hauteur ou en largeur, comporter des pans continus ou cassés, être franchement arrondis ou au contraire très élancés… C'est dans le choix de leurs couvertures qu'existent les plus grandes différences. Ornés de motifs en losanges, en bandes, en fleurettes, en chevrons ou encore en trames losangées, ces deux derniers étant les plus fréquemment utilisés, les dômes se distinguent par le choix de leurs couleurs. Réalisés en tuiles vernissées dont les coloris sont soigneusement choisis, ils doivent s'intégrer au paysage, les tons criards étant prohibés. Des dominantes se retrouvent pour un résultat franchement attrayant à l'œil : nuances de jaune, vert et rouille ; dégradés d'ocre au brun, duo en noir et jaune, pointes de bleu parfois…

La forme des tuiles (en anse de panier, en fer de lance, en écailles ou encore rectangulaires) ajoute encore à l'effet recherché, car les clochers comtois ont depuis quelques années connus de grands travaux de restauration de leurs toitures pour le moins abîmées par les ans. Le souci du détail a été poussé jusqu'à rechercher les motifs employés originellement et à restituer leur polychromie tout en nuances. Il suffit de lever le nez pour constater de visu qu'un même motif sera tout à fait différent selon les tonalités employées. Citons des restaurations heureuses à Boussières, Noël-Cerneux, Vercel, aux Fourgs ou encore à Byans-sur-le-Doubs, qui ne sont que quelques témoignages de réfections entreprises avec le plus grand soin par l'architecte de la commune appuyé par des professionnels des services des Affaires culturelles ou du service départemental de l'Architecture et du Patrimoine.

Motif de trames losangées pour le clocher de Boujeons.

Piédouche, croix et coq surmontent le dôme comtois, ici à Ferrières-les-Bois.

Le val de Mouthe

Chaux-Neuve, cerné par les forêts de la Haute-Joux et du Risoux.

Panorama sur Chapelle-des-Bois, depuis la roche Champion.

À TOUT seigneur tout honneur, un périple dans le Doubs partira des confins du département, sur ces terres reculées, plantées à plus de 900 mètres d'altitude, où la rivière capricieuse qui lui a donné son nom jaillit à 937 mètres d'une cavité aux allures mystérieuses, avant de s'élancer dans un parcours des plus tourmentés.

Le val de Mouthe, qui regroupe treize villages égrenés sur les derniers replis du massif jurassien, est une contrée bien caractéristique dont les conditions de vie pourraient se résumer en deux mots : l'été et l'hiver.

Il est difficile d'exprimer l'impression de liberté qui se dégage de ces immenses paysages, couverts d'alpages, de tourbières et de forêts, que l'on nomment ici *« joux »*, dont le ruban vert sombre borde ce pays tout en longueur.

L'appellation de couverture forestière prend en effet ici tout son sens à la vue des forêts du Risoux et du Noirmont, dont les massifs d'épicéas et de sapins occupent de 60 à 80 % des communes du Val. Les parcelles de ce territoire sont les plus boisées de la région la plus forestière de l'hexagone.

Cette terre montagnarde n'est pas très peuplée (Mouthe, la plus grosse commune, n'atteint pas mille habitants), sans nul doute à cause des caractéristiques qui font la particularité de ce terroir : sa situation géographique *« loin de tout »*, son climat rude et son altitude. L'été semble s'y dérouler lentement, rythmé par le son des clarines des vaches à l'alpage… tandis que l'hiver recouvre les terres de silence : la neige s'y installe en général pour de longs mois.

La source du Doubs, à Mouthe prend son élan pour un périple de 430 kilomètres.

Air pur et verdure à Chapelle-des-Bois.

La saison chaude y est réellement plaisante : on comprend l'engouement né il y a quelques années pour le tourisme « *vert* », au gré de balades qui, dans des immensités où le mot calme prend tout son sens, amènent le promeneur du côté du lac des Mortes et de son voisin jurassien de Bellefontaine. Repos des yeux et de l'esprit assurés !

Mouthe, bourg millénaire

Elevé sur un tertre ou « *mote* », Mouthe vit le jour il y a près de mille ans grâce à Simon de Crépy, comte de Valois, le premier moine défricheur du val, qui s'installe non loin de la source, au pied du Noirmont, à deux kilomètres du bourg actuel. Aux alentours, un sentier d'interprétation en raconte l'histoire et dévoile les secrets de la tourbière du Moutat au paysage dépouillé qui l'environne. Là vivent des plantes de la dernière époque glaciaire (moins 10 000 ans avant J.-C.) qui sont, dans cette lande entourée de pins à crochet et d'épicéas, dans un milieu propice (froid et humidité) à leur survie.

Au village, si une statue rappelle saint Simon, aucune n'a pour l'instant été élevée pour honorer Fabrice Guy, l'enfant du pays, médaillé d'or de combiné nordique aux J. O d'Albertville en 1992.

Car nous sommes en effet ici au paradis du ski de fond (voir page 20), dans des domaines nordiques considérés comme les premiers en France, faisant figure de référence pour la qualité de leurs pistes, enneigement et balisage compris.

On connaît bien Mouthe par les média qui ne manquent pas de rappeler régulièrement que se battent ici des records de froid. Certes, l'hiver, il fait froid. Mais l'air y est vif et sec, autrement dit tonifiant. Ces conditions climatiques exceptionnelles donnent ici une neige abondante (quoique, depuis quelques années…), dont les pistes tracées et balisées, s'élancent au cœur des forêts profondes du Risol et du Risoux à une altitude de 1 300 mètres, traversent des paysages aux airs de Scandinavie, longent des territoires immaculés pour parvenir dans une combe, celle de Chapelle-des-Bois, dont le surnom de « mecque du ski de fond » en dit long sur ses qualités d'enneigement et de traçage.

Sur l'ensemble du val, de Mouthe à Chapelle, l'hiver n'est plus synonyme de repli au coin du feu, dans l'attente de jours meilleurs. Au cours des mois d'hiver, chaque dimanche ou presque est animé par une course de ski de fond ou de chiens de traîneaux. C'est le cas avec « *L'Envolée nordique* », une compétition de ski de fond qui se déroule à Chapelle-des-Bois. Environ 1 900 skieurs y participent par équipes de deux pour une étape de vingt et un ou quarante-deux kilomètres. Aux Combes Derniers, les chiens de traîneaux sont rois d'une course qui s'y déroule devant un public conquis à la mi-février. Le ski de fond, avec sa version « *skating* » apparue il y a un peu plus de dix ans, fait vraiment partie de la vie quotidienne. À Chapelle-des-Bois, un des centres d'accueil de la discipline s'est même spécialisé en stages de préparation aux grandes courses.

Accueil triomphal de Fabrice Guy à son retour des J.O. de Nagano.

Les tremplins de Chaux-Neuve

Six kilomètres plus loin, les 200 habitants de Chaux-Neuve peuvent se targuer de posséder la plus ancienne église du val de Mouthe. Erigée en 1443, et bien que plusieurs fois remaniée (un incendie détruit son clocher à l'impériale en 1914), elle reste l'un des rares témoignages de l'art religieux du XVe siècle. Sous son vaisseau central à quatre travées se trouvent cinq retables, une chaire en orme et un baptistère, remarquables pièces du XVIIIe siècle ainsi qu'un maître-autel de style baroque.

Le monde sportif n'est pas en reste dans ce petit village qui possède pas moins de trois tremplins, modèles du genre comptant parmi les plus belles installations de France. Se sont entraînés ici Fabrice Guy et Sylvain Guillaume, son compère d'Albertville, tandis que des épreuves aussi prestigieuses qu'une coupe du monde de combiné nordique et une autre de coupe d'Europe s'y sont déroulées.

Les chiens polaires font l'objet de tous les soins à l'Odyssée Blanche où Gilles et Claude Malloire sont propriétaires de plus de quarante husky et autres malamutes, la plus grande meute européenne. Ces passionnés font visiter leur parc, où l'on découvre les règles très compliquées qui régissent la vie d'une meute. Outre la possibilité de faire une promenade en traîneau, on peut aussi s'initier à la conduite d'attelage sur un ou plusieurs jours. Dès lors, après de belles journées dans le silence d'immenses prairies blanches et au cœur de forêts où ne règne que le grand tétras, l'attelage et le musher (le conducteur de traîneau) accompagnent l'apprenti aventurier pour des soirées inoubliables avec nuits en refuge… ou sous tipi !

Le massif résineux implique traditions et savoir-faire de la part des bûcherons.

Chapelle-des-Bois, aux confins du Doubs

À l'extrémité sud du département, niché au fond d'une interminable combe apparaît Chapelle-des-Bois, typique du village montagnard jurassien. Adossée à un massif résineux de trois mille hectares, la commune est perchée à plus de 1 000 mètres d'altitude, au sein du Parc naturel du haut-Jura. À sa réputation nationale en matière de ski de fond s'ajoute un charme réel dû à sa nature sauvage aux verts éclatants, faite de tourbières, de belvédères, d'un réseau de sentiers de VTT et même d'un parcours de golf de neuf trous.

On découvrira la Maison Michaud, à l'entrée de la Combe des Cives, une ferme du XVIIe siècle entièrement restaurée et transformée en écomusée, avec son four à pain et son étable refaite comme jadis, sans un clou. Surtout, l'édifice en étonnera plus d'un vu de l'extérieur : entièrement recouvert de « tavaillons », du toit jusqu'aux façades. Ces écailles de bois gris (des tavaillons d'épicéas) étaient destinés à isoler la maison du froid et du vent, du temps où les gens vivaient en totale autarcie en raison des longs mois de neige.

Il existe encore quelques tavillonneurs (le mot, d'origine suisse, se dit « tavillon ») fabri-

La gentiane jaune, fleur d'eau-de-vie.

quant ce genre de revêtement, qui travaillent le bois selon les règles d'autrefois, la tradition prenant ici tout son sens. Le tavaillon est un bois éclaté (jamais scié) dans le fil de la fibre ; si l'épicéa a été choisi avec soin (sans nœud), les tavaillons qui couvrent les édifices pourront durer soixante ans. On les retrouve aussi sur bien des maisons ou encore sur la petite chapelle Saint-Léger, au pied du château de Joux.

En gastronomie locale, si sa voisine de Mouthe est réputée pour ses pains d'épices (les *« petits glacés »* de la maison Vuez), le renom de Chapelle-des-Bois tient à son eau-de-vie de gentiane, qui était en voie de disparition de nos contrées, jusqu'à ce que la distillerie du village la commercialise de nouveau. Cette longue plante aux fleurs jaunes emblématique de la partie montagneuse du massif jurassien, est réputée pour ses vertus curatives, tout particulièrement digestives. Arrachée à la fin de l'été, seule la racine de la plante est utilisée dans la fabrication de l'eau-de-vie de gentiane.

La Maison Michaud à Chapelle-des-Bois, bardée de tavaillons anti-froid.

De la fabrication jusqu'à l'affinage, le comté passe de longs mois en cave avant de rejoindre les étals des fromagers.

LE COMTÉ

Trésor des fromages comtois, le comté bénéficie d'une Appellation d'origine contrôlée (A. O. C) depuis 1958, modifiée en 1986, garante de plusieurs règles imparables pour lui préserver toutes ses qualités. Alimentation des vaches montbéliardes, collecte du lait, fabrication et affinage : rien n'est laissé au hasard dans un cahier des charges d'une extrême rigueur.

Un fromage roi qui doit sa naissance à la reine des prés locaux : seul le lait de la montbéliarde ou pie rouge de l'Est, à l'exclusion de toute autre race, est autorisé dans la fabrication du comté. Herbe en été (avec un hectare de prairie au minimum par tête), fourrage en hiver sont au menu de ces grandes productrices laitières (voir chapitre sur Morteau), l'ensilage étant prohibé de leur alimentation qui se doit d'être saine et naturelle.

C'est cette herbe broutée dans les parties montagneuses du Doubs, du Jura et d'une parcelle de l'Ain, seules zones autorisées de fabrication du comté, qui donne au lait ses valeurs gustatives, les alpages offrant une richesse et une variétés de plantes qui ne se trouvent pas en plaine.

La fruitière, cette fromagerie coopérative implantée généralement au cœur du village, assure quotidiennement la collecte du lait des fermes environnantes, dans un rayon qui n'excède pas 25 kilomètres.

Dès lors, la transformation du lait doit commencer 24 heures au maximum après la traite. Chauffé de 31 à 33°, le lait est ensuite caillé avec de la présure. Le tour de main du fromager s'exerce au moment du décaillage qui consiste à découper dans la masse des grains de quelques millimètres à l'aide du tranche-caillé. Brassé puis de nouveau chauffé, cette fois à une température variant de 54 à 56°, le caillé est placé dans de grands moules ronds puis pressé. La marque verte attestant de son origine est apposée sur le talon.

La meule, qui contient au moins 45 % de matières grasses et a nécessité 500 litres de lait, pèse de 35 à 55 kg. Elle passe dès lors de longs mois (quatre au minimum et jusqu'à dix-huit) en cave, retournée et salée maintes fois. C'est ce qui donnera à ce fromage de garde, à la pâte ferme et souple, peu trouée, cette saveur fraîche et fruitée, au goût subtil de noisette. Le comté est la première A. O. C fromagère de France avec une production annuelle qui s'est élevée à 47 100 tonnes en l'an 2000.

LE DOUBS, PARADIS DU SKI NORDIQUE

Si Mouthe et sa voisine de Chapelle-des-Bois sont des références incontestées chez tous les amateurs de ski nordique, elles ne sont pas pour autant les seuls sites du département où vivre à fond sa passion du ski. De ces deux extrémités, au sud, jusqu'aux confins de Maîche, un réseau de 950 kilomètres de pistes tracées et balisées constitue le plus ample domaine de ski nordique en Europe. Toutes les difficultés de pistes sont offertes à la spatule des skieurs, de la simple « *verte* » à la difficile « *noire* », prises en charge, sur l'ensemble du massif, par vingt sites nordiques qui veillent à leur bon entretien, comprenant balisage et damage méticuleux, versions « *classique* » et « *skating* ».
Les adeptes des deux styles trouveront leur content de plaisir sur ces longues traces où l'absence de trafic raviront les amoureux de ce sport qui peut se pratiquer ici en toute sécurité, grâce à un plan de situation du réseau fourni aux usagers par les sites, pour la plupart crédités du label de qualité France Ski de Fond.

Des centaines de kilomètres de pistes damées pour les adeptes du ski de fond « classique» ou « skating », bordées par le ruban sombre des sapins.

Le vainqueur de l'édition 2000.

LA TRANSJURASSIENNE

Mouthe voit l'arrivée, chaque année en février, de la Transjurassienne, la plus longue course française de ski de fond. Depuis plus de vingt ans, quelque 4 000 à 5 000 skieurs s'élancent à Lamoura (Jura) pour un périple de 76 kilomètres à travers la forêt du Risoux, bifurquent *« sur Suisse »*, se ravitaillent à Chaux-Neuve avant d'accélérer dans la combe de Chapelle-des-Bois, pour rallier les derniers kilomètres qui les séparent de Mouthe.

Cette grande épreuve qui rassemble l'élite mondiale, figure au classement de la Worldloppet, comptant à ce titre pour la coupe du monde des courses de longues distances.

Les lacs
Saint-Point et Remoray, Métabief - Mont-d'Or

Saint-Point, troisième lac naturel de l'Hexagone.

De Remoray à Saint-Point

Le Doubs paraît s'essouffler dès sa route commencée, c'est tout au moins ce que l'on imagine quelques kilomètres après Mouthe, où il serpente paresseusement au milieu des prairies. La surprise est donc de taille à la vue des lacs de Remoray et de Saint-Point, immenses étendues d'eau au milieu d'un tapis de verdure où la rivière va se perdre.

Le plus petit (100 hectares), Remoray, est aussi le plus protégé, sa classification en Réserve naturelle attestant de sa richesse écologique. Une faune et une flore des plus variées, mais aussi des plus rares ont trouvé refuge au sein des eaux de son lac et de ses marais, mais aussi dans la tourbière et les prairies de fauche qui l'environnent. Avec les terrains adjacents et la forêt de Grand Côte qui abrite l'une des plus hautes héronnières d'Europe, perchée à 920 mètres, la réserve couvre 430 hectares étalés sur les territoires de Labergement-Sainte-Marie et de Remoray-Boujeons, qui lui a donné son nom.

On ne saurait trop rappeler que la fragilité de ce milieu, où nichent deux-cent-vingt espèces d'oiseaux, où se cache la très rare renoncule rampante, voisinant avec le grand tétras et le lynx boréal, implique qu'il ne puisse être admiré en dehors des chemins communaux, où de nombreux points d'observations ont été aménagés. Une visite du lac de Remoray est indissociable d'un détour par la Maison de la Réserve qui, outre une vaste exposition sur l'environnement dans le haut-Doubs, propose des sorties guidées au cœur de ce magnifique site.

Saint-Point, lac de montagne

Quasiment dans son prolongement, le majestueux lac Saint-Point étire ses sept kilomètres sur une surface de 420 hectares, le consacrant troisième lac naturel de France, après ceux d'Annecy et du Bourget. Curieusement méconnu par rapport à ses confrères savoyards, il n'en est pas moins, à 900 mètres d'altitude, l'un des plus beaux lacs de montagne. Sur ses deux rives les points de vues ne manquent pas, depuis Chaon, Montperreux ou le belvédère des Deux-

Saint-Point, le village, et ses barques colorées.

Dans la brume matinale, prêt à en découdre avec les salmonidés.

Remarquable point de vue depuis les hauteurs de Montperreux.

Lacs, tout comme sur ses berges, de nombreuses plages ont été aménagées pour aller voir de plus près ses eaux tout à la fois vertes et bleues.

Très prisé des pêcheurs, des « *navigateurs* » (hors engins motorisés), des baigneurs et des promeneurs, Saint-Point est un lieu estival fort couru, d'autant que les villages qui s'éparpillent sur ses flancs sont pour certains particulièrement attrayants. Sur la rive gauche, Port-Titi est l'un d'eux, qui adosse à la forêt ses petites maisons de pêcheurs aux couleurs vives. En contrebas, une escouade de barques à fond plat, se détachant en vert et rouge sur le miroir du lac ajoute encore à la beauté du tableau, rappelant que Port-Titi est avant tout un port de pêche.

Car on ne saurait parler du lac Saint-Point sans évoquer les pêcheurs, dont les gaules sondent inlassablement ses eaux pourvues en brochets, tanches et gardons mais surtout en corégones. Ce délicieux salmonidé emblématique de Saint-Point, qui hante ses profondeurs, est en effet très recherché, son poids moyen se situant aux alentours d'une livre.

Dans les petits matins brumeux, les barques des traqueurs de corégones sont nombreuses et regroupées : c'est la tradition. Le néophyte ne manquera pas d'être surpris à la vue des pêcheurs immobiles, la canne posée en équilibre entre le pouce et l'index, dont l'attente semble imperturbable et que l'on jurerait endormis. Il n'en est rien au vu de certaines prises qui dépassent les trois kilos !

D'autres loisirs nautiques se pratiquent en abondance sur le lac Saint-Point, depuis la planche à voile en passant par les catamarans, skifs, canoës et autres dériveurs, voire aviron. Base nautique et cercles de voile aux Grangettes, à Malbuisson, à Chaudron proposent embarcations et cours tandis qu'il est possible de louer barques et pédalos sur les rives de Saint-Point-Lac, Port-Titi et Malbuisson.

À la sortie de cette dernière commune, jolie bourgade très touristique, en direction de Chaudron, un sentier mène à la source Bleu. Ses eaux translucides teintées d'un bleu incomparable seraient nées des larmes d'Aude de Bourgogne, venue sur les berges de la source pleurer la perte de son fiancé Roland, tombé à Roncevaux après avoir sonné l'olifant pour appeler son oncle Charlemagne.

Terre de légendes, sans doute dues à son cadre enchanteur, on raconte aussi l'histoire de Damvauthier, prospère village installé en lieu et place du lac (selon certains, le bourg se serait nommé Beaubuisson, ancêtre de Malbuisson...). Par une froide veillée de Noël, une pauvre femme et son nourrisson aurait vainement tapé à toutes les portes dans l'espoir d'obtenir un asile pour la nuit. Elle trouva finalement refuge chez l'ermite saint Point à l'écart du village inhospitalier. La nuit résonna des bruits d'une terrible tempête, le tonnerre se mêlant au sourd crépitement d'une pluie diluvienne. Au matin, Damvauthier avait disparu : à la place s'étendait un vaste lac. On dit pourtant que les nuits de Toussaint, la plainte des cloches du village englouti traversent les eaux glacées du lac, semblant quêter le pardon.

Image plus riante, le sentier pédestre de Saint-Point permet d'en faire le tour en vingt-trois kilomètres, au départ de tous les villages bordant ses rives. Emaillé de tables de lecture permettant de comprendre ses paysages, il est un beau moyen de boucler l'histoire du lac...

La source Bleue, aux portes de Malbuisson.

Une faune variée peuple les rives de Remoray.

LA RAQUETTE, L'AUTRE FAÇON DE MARCHER

Ce symbole de liberté, la raquette, n'est pas l'apanage de la station de Métabief Mont d'Or qui propose des randonnées accompagnées, parfois même en compagnie de chiens de traîneaux. On peut la pratiquer sur une bonne partie des replis du Jura, de Chapelle-des-Bois, tout au sud jusqu'aux confins de Maîche. Un peu partout des itinéraires sont entretenus et balisés pour permettre aux trappeurs des temps modernes d'évoluer en toute liberté, le plus souvent sur de petits circuits en boucle, variant de quatre à huit kilomètres.

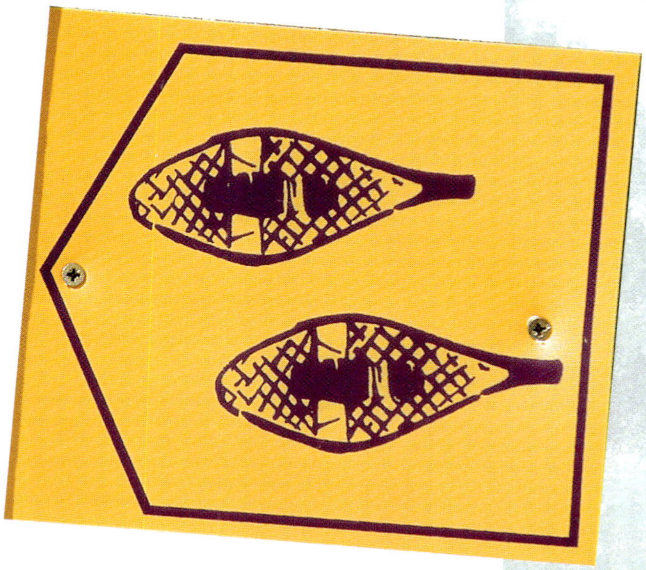

Jeux de neige.

Balade dans la « fraîche » du côté de la Perdrix.

Déploiement d'angelots dorés et de colonnes torsadées à La Cluse-et-Mijoux et Saint-Antoine (tabernacle).

DES ÉGLISES BAROQUES...

Dans un périmètre assez large autour de Saint-Point, les édifices religieux ont pour beaucoup un point commun : l'exubérance de l'art baroque, flamboyant de tous ses ors à l'intérieur des églises.

De l'extérieur pourtant, les façades sont pour la plupart sobres, sinon austères. À Goux-les-Usiers, sans doute le plus bel exemple de ce type dans le département, l'église Saint-Vallier laisse éclater ses décorations exubérantes et la richesse de son mobilier. Sculptées par Augustin Fauconnet au XVIIIe siècle, certaines pièces sont de toute beauté, tel le lutrin représentant un aigle, les fonts baptismaux, le mobilier Rocaille ou encore le maître-autel et le retable. Ces derniers, particulièrement typiques de l'art baroque sont un superbe mélange de faux-marbre, de guirlandes d'angelots, de statues dorées trônant entre des colonnes torsadées.

Cette abondance, toute d'harmonie, porte aussi, dans d'autres églises du haut-Doubs, le coup de patte de Fauconnet, natif de Lièvremont, ou pour le moins de ses adeptes. L'influence italienne y est aussi notoire avec des œuvres du stucateur Marca. Car il n'est point « un » art baroque, l'art du déploiement de richesses ornementales étant plus ou moins développé selon les régions ou les pays. Le haut-Doubs faisant figure, à côté de certains, de presque classique, gardant une base de l'architecture antique et une certaine retenue dans l'emploi des couleurs...

Les autres édifices baroques dont la visite s'impose se trouvent dans le même secteur : autour du lac Saint-Point, les églises de Oye-et-Pallet, la Planée, Malpas, les Grangettes ou, plus loin, Saint-Antoine et la Cluse-et-Mijoux offrent les superbes décors de leur art exubérant.

Dans l'église de Bannans, datant de 1725, le sculpteur Fauconnet a de nouveau joué du ciseau à bois : on remarque le richissime tabernacle, les autels et retables à dominante rouge et or ornés de guirlandes de fruits et de fleurs ou encore la chaire en bois sculpté agrémentée de petites statues de la Vierge.

Aux Hôpitaux-Neufs enfin, l'église Sainte-Catherine bien que d'inspiration baroque, dénote des éléments d'un autre type, avec une forte influence helvétique, l'édifice dépendant autrefois du diocèse de Lausanne. Là, le mouvement se déploie davantage : un impressionnant baldaquin surmonte le maître-autel, les six autels retables flamboient en or et brun, des grappes de raisin s'enroulent autour de colonnes torses, encadrant tableaux religieux et statuaires dorées.

Autant de témoignages d'un patrimoine religieux où les artistes ont fait montre d'une rare virtuosité dans le travail du bois et l'utilisation parcimonieuse de la polychromie, semblant vouloir laisser aux fidèles une atmosphère d'unité propice au recueillement.

Si l'extérieur est sobre (ici à Goux-les-Usiers), le baroque s'exprime intra muros : lutrin sculpté de Fauconnet (Goux) ou détail d'une colonne (La Cluse-et-Mijoux).

Le toit du haut-Doubs aux Fourgs

Les courses de chiens de traineau sont nombreuses aux Fourgs, village le plus haut du Doubs.

À quelques lieues du lac Saint-Point et à un jet de pierres de la Suisse s'étend le village des Fourgs, dont le surnom imagé de *« toit du haut-Doubs »* est évocateur. Cette bourgade tout en longueur, où les maisons s'étalent des deux côtés d'une large artère principale, se niche en effet à 1 100 mètres d'altitude, la gratifiant du titre de commune la plus haute du département.

De cette vaste étendue plate, cernée sur ses méplats de la crête sombre des sapins part un réseau de pistes de ski de fond de plus de soixante kilomètres dont une large partie conduit *« sur Suisse »*, depuis le Mont de l'Herba, une pente plutôt sévère dont la crête fait face aux sommets alpins. Là, les superbes panoramas des sommets du Chasseron, du Suchet et des Aiguilles de Baulmes qui avoisinent les 1 600 mètres, confèrent au paysage un aspect plus montagnard.

Car si l'été amène ici son content de touristes, venus se ressourcer dans ses grands espaces pour avaler des kilomètres à VTT ou en randonnée pédestre, l'hiver reste cependant la saison où les vacanciers reviennent fidèlement. Même si le ski de fond y a large place et figure dans des compétitions de renom (le Marathon des Cîmes, course franco-suisse), on trouve aux Fourgs des pistes familiales pour les amateurs de descente.

Les chiens de traîneaux sont aussi les rois du plateau, avec Jurachiens, un centre qui propose balades en pulkas et découverte de la conduite d'attelage... mais aussi avec rien que moins qu'une coupe d'Europe réunissant huskis et malamutes pour une course endiablée en février. Endiablé : un mot redouté dans les annales des *« Bouris »*, les habitants, dont la peur du Malin était autrefois fort répandue dans ces terres reculées. De nombreux oratoires dédiés à la Vierge (tel celui de Notre Dame des Bucles, aux Petits Fourgs) témoignent de ces croyances anciennes.

On ne saurait évoquer ce village exempt de brouillards matinaux sans rendre hommage à celui qui dénote de l'importance de la forêt : le sapin-président. Celui des Fourgs, vieux de 400 ans, mesure quarante-trois mètres de haut pour une circonférence de 5 m 25. Chaque été, une fête champêtre (celle du Sapin président), porte haut les couleurs de ces arbres emblématiques.

MÉTABIEF MONT D'OR,

On parle communément de Métabief Mont d'Or comme de « *la* » station de ski de descente du massif jurassien. Classée station de sports d'hiver et d'été depuis plus de vingt ans, elle est en passe de devenir, si ce n'est déjà fait, plus connue comme « *le* » site de référence national (voire européen) pour le VTT que comme lieu de glisse hivernale. Car la météo lui joue de bien vilains tours depuis quelques années, laissant souvent en plan les amateurs de ski de descente, espérant chaque hiver que la neige voudra bien être au rendez-vous des vacances de Noël mais qui de plus en plus, doivent attendre février pour s'attaquer au flanc du mont d'Or…

Toujours est-il que Métabief ne se résume pas à un seul village, l'appellation de « *station* » regroupant en effet les communes de Jougne, des Hôpitaux-Neufs et Hôpitaux-Vieux, de Métabief Mont d'Or, des Longevilles Mont d'Or et de Rochejean.

L'environnement exceptionnel de ces villages, bercés l'été par les clarines des vaches à l'alpage et protégés par le bien nommé mont d'Or, en fait un terrain de jeux particulièrement riche.

Du mont d'Or, point le plus haut du Doubs, qui culmine à 1 463 mètres au dessus de Métabief, le panorama est proprement éblouissant. Pour s'y rendre, le télésiège est une belle solution, dont les cabines surplombent le goulet de la piste de luge d'été, qui serpente entre les

A l'estive sur le mont d'Or.

Perchée à 1148 mètres, la bergerie de la Petite Echelle.

La barrière rocheuse du mont d'Or, sommet du département.

sapins. Après une petite demi-heure de marche, l'œil embrasse toute la chaîne alpine, droit en face, distante seulement d'une cinquantaine de kilomètres. On raconte que par temps clair, 300 sommets peuvent y être dénombrés !

Un balcon à ciel ouvert dont ne se lassent pas les 80 000 visiteurs qui s'y pressent chaque année. Outre la chaîne jurassienne, avec ses voisins suisses que sont le Suchet, la Dent de Vaulion ou le Chasseron, on aperçoit bien sûr le mont Blanc et les Alpes françaises, uniquement séparés du mont d'Or par le lac Leman. Des tables d'orientation permettent de s'y retrouver dans cet entrelacs de pics neigeux. A l'est la vue s'étend jusqu'aux Alpes suisses et autrichiennes, incluant le sommet de l'Eiger, tandis qu'à l'extrême droite le regard porte jusqu'au domaine de la Vanoise, culminant au mont Pourri…

Des milliers de vaches

Autre éblouissement de ce sommet du mont d'Or décidément prolixe en sensations : la barrière rocheuse de 200 mètres de haut qui borde l'un de ses versants sur plus de un kilomètre de long et que l'on peut admirer depuis une petite route qui débute au village des Longevilles.

Le chamois, hôte favori du mont d'Or avec les montbéliardes.

Une montbéliarde parée pour la descente des alpages aux Hôpitaux-Neufs.

Domaine réservé des chamois, il fait pendant à l'autre versant qui abrite en été des milliers de vaches à l'estive sur ses flancs. Mener les génisses à l'alpage est une tradition séculaire qui remonte au XVIe siècle et perdure aujourd'hui, même si les troupeaux sont essentiellement suisses, l'Helvétie voisine louant par manque d'espace les pâturages aux propriétaires français. Qui dit estive dit bergers et donc chalets. Ils sont des dizaines à piqueter les immenses étendues de la montagne : la Boissaude, la Petite Echelle, le Balzon, la Grangette, la Vermode, l'Herba ou la Landoz, pour n'en citer que quelques-uns ont colonisé les alpages. Plusieurs se sont transformés en auberges : c'est un vrai plaisir de venir se poser là, à l'écart de la foule, pour déguster charcuteries et fromages locaux.

Chaque fin d'été, la descente des alpages donne lieu à une belle fête, toujours empreinte du même folklore qu'autrefois et qui connaît un grand succès populaire. C'est le cas aux Hôpitaux-Neufs, qui organise le dernier dimanche d'août le retour en fanfare des troupeaux. La foule assemblée au bord des routes écoute d'abord le silence quand soudain les premières cloches se font entendre. Elles arrivent !

Pour l'occasion les vaches ont la robe lustrée, leurs *« campènes »* carillonnent gravement dans une atmosphère de liesse. Menées par la reine du défilé qui ouvre le cortège, la tête coiffée du *« boutte à cul »*, un tabouret à traire orné de branches de sapin et de fleurs en papier, elles sont entourées des bergers en tenue d'armaillis, gilet de velours noir brodé d'edelweiss et chapeau de feutre. Les chiens tirent les carrioles chargées de bouilles de lait (les bidons) tandis que résonnent les cors des Alpes. Les gens se joignent au cortège et débute alors une grande fête peut-être teintée de mélancolie pour les bergers : c'est la fin de l'été et de la solitude, là-haut, sur la montagne…

Au royaume du V. T. T

Dans cette atmosphère sereine sur les hauteurs du mont d'Or, les promeneurs, randonneurs et vététistes s'en donnent à cœur joie, croisant les montbéliardes qui l'ont paisiblement envahi.

Métabief est aujourd'hui devenue synonyme de VTT, partie prenante de la station depuis l'organisation sur place des championnats du Monde en 1993, puis de deux championnats d'Europe. Des compétitions qui réunirent l'élite internationale de la discipline et furent à l'origine de la création de la première piste permanente de descente, une référence aujourd'hui encore dans la presse spécialisée. Plus d'un champion est venu se frotter à ses 400 mètres de dénivelée, le long d'un parcours de près de trois kilomètres dont les bosses, dévers et reliefs vertigineux sont entretenus avec le même soin qu'une piste de ski. Néanmoins, le néophyte peut s'y aventurer, évidemment casqué et harnaché de pied en cap, le tracé étant sous la surveillance de pisteurs secouristes. Une piste de trial et un autre tracé de descente moins ardu permettent aux amateurs de sensations un peu plus douces de pouvoir s'y adonner sans danger.

Car Métabief n'est pas uniquement un royaume pour le VTT de haut niveau. Les reliefs sont doux, classant ainsi cette partie haute du Doubs en moyenne montagne destinée à un large public, familles incluses.

Les circuits balisés traversent de belles sapinières ou s'attaquent aux flancs du mont d'Or. C'est le cas de la *« Ronde des alpages »*, qui rallie en 40 kilomètres la crête du mont d'Or, s'élance jusqu'à Mouthe et sa tourbière pour revenir sur Métabief en serpentant au milieu des chalets.

Dans le même principe, les adeptes de randonnée pédestre disposent d'un large panel de sentiers, eux aussi tracés au milieu des gentianes de l'alpage, s'engageant *« sur Suisse »* pour rejoindre par exemple Vallorbe, au pied du versant helvétique du mont d'Or.

Métabief Mont d'Or, une station très prisée en été par les amateurs de V. T. T.

Sur le mont d'Or blanc…

Si la station de Métabief est sans conteste faste en plaisirs de la montagne verte… elle est aussi un lieu fort prisé des fondus de ski de descente quand la clémence du ciel veut bien lui apporter le très attendu *« or blanc »*. Dès lors, ce sont quelque quarante-deux kilomètres de pistes, qui à la différence de leurs consœurs savoyardes, s'élancent sur une montagne qui n'est point uniquement blanche, les sapins ajoutant leur parure au décor.

Desservies par sept télésièges et dix-neuf téléskis, les pistes sont toutes reliées entre elles, du domaine de Piquemiette et son stade de compétition, qui trône côté falaises, jusqu'aux pentes de Super Longevilles et de Bellevue en face, encadrant le versant de Métabief. Tous les niveaux de ski s'y pratiquent, même si la tendance y est davantage familiale… Le surf y a aussi sa piste spécifique de même qu'une piste éclairée à la Berche attire les amateurs de glisse nocturne. Enfin les descentes aux flambeaux figurent parmi les animations très prisées par les touristes.

Les villages de la station ont l'avantage incontestable de proposer un ski à l'échelle humaine, bien loin de l'image embouteillée de régions pas si lointaines, dont nous tairons les noms par charité. Ici, les villages sont petits, avec des fermes et des églises, les tarifs sont plus qu'abordables…

Le ski de descente n'est pas cependant l'unique plaisir de glisse hivernale de la station de Métabief Mont d'Or. Elle propose en outre cent-vingt kilomètres de pistes de fond, au départ des Hôpitaux-Vieux (avec son stade de biathlon et sa piste éclairée à la Seigne) ou de Jougne via Les Fourgs et le mont de l'Herba, évoqués plus haut, dont les itinéraires sont davantage physiques puisqu'il s'agit de rallier ses 1 300 mètres.

Elles partent aussi à l'assaut du mont d'Or depuis les villages de Rochejean ou encore des Longevilles, serpentant de nouveau au milieu des chalets d'alpage, délaissés pour un temps par les bergers, dans une solitude blanche que rien ne vient troubler. Et si l'on s'arrête dans l'un de ceux qui proposent une formule restauration, on ne manquera pas de déguster *« la »* spécialité fromagère baptisée du même nom que la montagne qui l'a vu naître : le Mont d'Or…

A Métabief, les téléskis se partagent l'environnement avec les sapins.

Sangles d'épicéa fraîchement « levées » puis mises à sécher.

Fabrication du Mont d'Or chez Sancey-Richard à Métabief.

LE MONT D'OR, LE FROMAGE DE L'HIVER...

Enfermé dans une boîte ronde en écorce d'épicéa, ce fromage hivernal aux douces effluves de résine est un fleuron local dont la production s'arrête en mars. Réalisé à base de lait cru de vaches montbéliardes ou Pies rouges, ce fromage à pâte molle légèrement pressée vit le jour il y a bien des siècles, à la fin de l'été, lorsque les paysans utilisèrent le lait devenu insuffisant à la fabrication d'une meule de Comté pour en faire un plus petit fromage. On le nommait alors fromage *« de bois »*, *« de crème »* ou encore *« de boëte »* (de boîte).

Le caillé, une fois démoulé, est cerclé d'une bande d'écorce d'épicéa avant d'être affiné en cave (sur des planches d'épicéa), où il est frotté à l'eau salée et retourné chaque jour. La boîte d'épicéa où on le serre (c'est le mot !) en fin d'affinage est légèrement trop petite pour que le Mont d'Or puisse se plisser.

Sa croûte jaune dorée cache une pâte ivoire onctueuse au parfum et au goût de résineux. Bénéficiant d'une A.O.C. depuis vingt ans, la fabrication du Mont d'Or ne s'effectue que dans un petit périmètre le long de la frontière suisse, commençant à la source du Doubs au sud, pour s'achever au Saut du Doubs, à Villers-le-Lac. Il a acquis ses lettres de noblesses, les stations de France et de Navarre le faisant figurer dans tous les menus dits *« montagnards »*. Le fin du fin est de le déguster chaud, creusé en son centre et empli de vin blanc sec du Jura. Enfourné une vingtaine de minutes, il se savoure brûlant, accompagné de charcuteries et de pommes de terre.

Pontarlier
et la république du Saugeais

Pontarlier ou « les portes de la montagne ».

Panoramas sur Pontarlier depuis la montagne du Larmont …

Pontarlier, capitale du haut-Doubs

Si Besançon est capitale régionale, Pontarlier est de son côté considérée comme la capitale du haut-Doubs. Administrativement, point de haut-Doubs dans les textes. Cependant son territoire, frontalier avec la Suisse et dont les paysages n'ont rien à voir avec ceux *« du bas »* a sa capitale incontestée : Pontarlier ou « les portes de la montagne »… Car dans toute cette partie du haut-Doubs, bien qu'étant dite de « moyenne montagne », les hauteurs culminent rarement à moins de 800 mètres.

Perchée à 837 mètres, Pontarlier est la ville la plus haute de France après Briançon. Troisième ville du département après Besançon et Montbéliard, la capitale du haut-Doubs compte environ 19 000 habitants et a la particularité d'être au sein d'un environnement né de la diversité des éléments. Entourée des montagnes du Larmont, dont le Grand Taureau culmine à 1 323 mètres d'altitude ou encore du Laveron, qui dépasse 1 000 mètres, elle est au seuil d'une cluse qui taille un peu plus loin un goulet impressionnant au cœur d'un paysage tout en falaises. C'était autrefois la seule voie de passage possible via la Suisse et les grandes routes marchandes.

De par cette situation géographique, l'histoire de Pontarlier connut des épisodes mouvementés. En plein essor dès le haut Moyen Âge, elle commence à édifier ses maisons en bordure d'un long axe principal, un village *« rue »*, comme la plupart des communes du haut-Doubs. Ceinte de remparts et fortifications, elle est détruite par les hommes de Charles le Téméraire, comte de Bourgogne, qui incendient la ville en 1475. Plus tard surnommée *« la porte de la France »*, car en plein cœur de la route commerciale reliant le nord de l'Europe et le sud via l'Italie, voie royale pour les marchands de sel, de soie ou d'épices, elle connaîtra une invasion des Suédois pendant la guerre de Dix Ans, un nouvel incendie en 1656 ou encore les ravages de la peste avant d'être ralliée à la France en 1678.

… ou la chapelle de l'Espérance, qui domine la cité au sud.

NÉS ICI :

Xavier Marmier (1802-1892), grand voyageur, académicien et homme de lettres. Il laissa de nombreux récits de ses voyages en Russie, Afrique du nord, Syrie ainsi que d'une expédition de deux ans dans les mers du Nord.

Philippe Grenier (1865-1944), médecin et tout jeune élu à l'Assemblée nationale, il défraya la chronique de l'époque (1896), jusque dans les journaux parisiens, puisqu'il fut le premier député à siéger en gandoura, portant burnous et turban. Converti à l'Islam après un voyage en Algérie, le docteur Grenier faisait ses tournées dans la très catholique capitale du haut-Doubs en costume traditionnel, monté sur son cheval Saïd.

Pontarlier devint très tôt une cité où la foi était très forte. Plusieurs églises voient le jour : des textes les mentionnent à partir du XIe siècle. Si toutes ont disparues, celle de Saint-Bénigne fut bâtie aux XVIIe et XVIIIe siècles sur les fondations de l'église originelle, et plusieurs fois remaniée. On peut y voir une Vierge noire votive, un buffet d'orgue et une chaire en bois joliment sculptés du XVIIIe siècle. Une tapisserie et de superbes vitraux contemporains d'Alfred Manessier y furent ajoutés en 1975.

Des visites guidées permettent de monter dans le clocher à la comtoise, après une ascension d'une centaine de marches. Et là, c'est une réelle surprise puisqu'un chemin de ronde flanqué de huit œils-de-bœuf entoure le clocher. Y vivait là le guetteur qui prévenait autrefois des incendies. Après le rattachement de la Franche-Comté à la France en 1678, il y en eut encore beaucoup : 1715, 1736 (200 maisons brûlées), 1754… Les cloches énormes suspendues aux poutres du beffroi datent de 1800 et voisinent avec le bourdon qui frôle les trois tonnes. On peut y lire ces mots, gravés dans le bronze : *« du monarque des Cieux je redis les grandeurs. J'éloigne les tempêtes. À ma voix docile, Dieu propice exauce ses enfants… »*

Avec cinq couvents au XVIIe siècle, Pontarlier affirme sa vocation de bastion catholique du haut-Doubs. Il n'en reste aujourd'hui que la chapelle des Capucins, plutôt mal conservée et le très beau portail (1713-15) de la chapelle des Annonciades, dont la porte en bois finement sculpté lui fut adjointe dix ans plus tard.

Au fond, l'église Saint-Bénigne date des XVIIe et XVIIIe siècles.

La porte Saint-Pierre, emblème de la cité

Face à l'hôpital qui abrite une collection de faïences et une jolie apothicairerie du XVIIIe siècle reste également le portail du couvent des Augustins, aujourd'hui celui d'un lycée et au coin de la rue de la Halle, une petite tour est le dernier vestige du couvent des Jésuites.

Si l'on ne trouve guère dans la ville de monuments anciens, l'édifice emblématique de Pontarlier, la porte Saint-Pierre est quant à elle un curieux mélange des XVIIIe et XIXe siècles. Impossible de rater cet arc de triomphe qui marque l'entrée de la rue principale. Il fut à

La porte Saint-Pierre s'inspire de celle de Saint-Martin à Paris.

l'origine l'une des portes des remparts qui enserraient la ville au XVe siècle (dont une tour subsiste rue du Canal). Autrefois nommée porte du Boulevard, elle fut détruite dans un incendie avant d'être reconstruite en 1771 sur le modèle de la porte Saint-Martin à Paris. Le bas de la porte, toute de simplicité, est typique de la sobriété du XVIIIe. Elle est surmontée d'une horloge qu'entoure un clocheton abondamment ouvragé qui lui fut ajouté à la fin du XIXe siècle.

Passé cet arc triomphal, la rue de la République s'étale tout en longueur. La place d'Arçon, à une centaine de mètres de là, abrite le musée municipal, dans une bâtisse du XVIe siècle, la plus ancienne de la ville. Gravement endommagée par un incendie en 1995, la maison Labrut n'a pas souffert extérieurement et a pu conserver ses vitraux modern'style. L'intérieur, entièrement rénové, décline trois grands thèmes chers à la ville : l'histoire, la faïence et l'absinthe (voir page suivante), dont la collection riche d'un millier de pièces (coupe-absinthe, alambics, cuillères dentelées, bouteilles à jamais bouchées…) raconte l'histoire de la Fée verte.

Au numéro 8 de la rue de la République figure sans doute la plus belle demeure de la ville. Elle fut pendant un siècle siège du tribunal, notamment pendant la Terreur. Mirabeau (qui fut aussi détenu au château de Joux, voir page 42) y fut jugé puis emprisonné. Plusieurs de ses récits sur la révolution y sont situés.

Pontarlier est aussi le siège des *« Rencontres internationales de cinéma »* qui ont accueilli des noms aussi illustres que Claude Sautet, Marcello Mastroianni, Jean Carmet, Bertrand Tavernier, Dino Risi et tant d'autres. Grâce à la ténacité de l'organisateur, le ciné-club Jacques Becker, ces rencontres sont une occasion unique pour les cinéphiles de dialoguer sur plusieurs jours avec des metteurs en scène réputés.

Dans un autre domaine, le célèbre « designer » automobile Franco Sbarro a ouvert à l'entrée de la ville, un espace de plus de 8 000 m^2 où sont concentrées les plus belles de ses créations. Espera, c'est un monde de rêve et d'insolite où se côtoient des voitures aux robes *« créées maison »* par Sbarro et qui cachent sous leurs formes aérodynamiques des moteurs Ferrari, Porsche ou BMW. Un centre de formation donne aux férus d'automobiles les clés de fabrication d'une carrosserie.

Deux mondes insolites avec les voitures du futur chez Sbarro ou les lamas défricheurs sur le Larmont.

Sports de plein air…

La capitale du haut-Doubs a aussi le privilège d'être la plus sportive de France, dans la catégorie des villes de moins de 30 000 habitants. On y dénombre près de soixante clubs, dans tous les domaines, même si, de par son exceptionnel environnement, Pontarlier s'oriente davantage vers les loisirs de plein air. Les nombreuses falaises équipées attirent les adeptes d'escalade, tandis que les montagnes du Larmont et du Laveron, à moins de dix kilomètres du centre ville, émaillées d'un réseau de pistes de ski de fond, permettent aux familles tout autant qu'aux sportifs d'y trouver un terrain d'entente…

Les randonneurs s'évadent depuis le Larmont, où de là-haut, le Grand Taureau offre une vue à 360° sur les vallées et plateaux encaissés du Doubs, mais aussi sur la haute chaîne jurassienne, ou encore sur les Alpes, du mont Blanc à la Jungfrau. Plusieurs traces de fond balisées s'échappent via la Suisse, sur le domaine des Cernets. Les goûts de chacun y sont en outre satisfaits, avec une aire de luge, des téléskis au Gounefay pour débutants ou des pistes piétonnes. Les sportifs s'orienteront du côté de la Malmaison, avec sa piste de compétition et sa piste éclairée pour les inconditionnels de glisse nocturne.

L'été, la montagne devient une autre aire de jeux où forêts et alpages forment un écrin superbe pour des balades pédestres ou à VTT. Ainsi, depuis le Larmont, le chalet d'alpage du Miroir offre, sur ses hauteurs, une belle perspective sur l'étendue scintillante du lac Saint-Point. Toujours sur le Larmont, un sentier botanique avec bornes explicatives inventorie les espèces végétales rencontrées.

On ne partira pas de Pontarlier, en direction de la Suisse, sans remarquer la petite chapelle de l'Espérance, qui domine la cité au sud. Un nom évocateur pour cette chapelle qui fut élevée en 1854 à l'emplacement d'un ancien fort médiéval, remerciant la Vierge d'avoir épargné la ville du choléra.

Test d'absinthe à la distillerie Guy, qui mettra en vente le fameux élixir fin 2001 avec un titrage d'alcool moins important que la « verte » de 1900.

PONTARLIER, CAPITALE DE L'ABSINTHE

L'économie de Pontarlier se trouva bouleversée à l'aube du XIXe siècle par l'invention dans le Val-de-Travers, à vingt kilomètres de là, d'une boisson qui n'allait pas tarder à défrayer la chronique : l'absinthe, titrant jusqu'à 73°. L'installation de la maison Pernod à Pontarlier en 1805 marque le début d'un formidable essor pour la cité du haut-Doubs. En quelques décennies, Pontarlier allait devenir capitale mondiale de la « *boisson qui rend fou* », l'un de ses surnoms célèbres qui fut d'ailleurs à l'origine de son interdiction absolue en 1915. Mais avant cela, la capitale abrita au début du XXe siècle 25 distilleries, qui faisaient travailler 3 000 personnes (sur 8 000 habitants !) et produisaient 10 millions de litres d'absinthe, livrés aux quatre coins de la terre. Le centre ville et les alentours regorgeaient – le mot n'est pas trop faible – de débits de boissons, puisqu'on en comptait cinq-cent-dix, soit un pour vingt-six consommateurs !

Rappelons que c'est grâce à un incendie des usines Pernod en 1901 qui durent déverser leur précieux élixir dans le Doubs, que l'on découvrit trois jours plus tard les eaux de la Loue parfumées à l'absinthe, prouvant que cette dernière était une résurgence du Doubs.

Il reste aujourd'hui de ce passé glorieux trois distilleries (dont deux se visitent) qui se sont spécialisées dans des apéritifs anisés, dont le plus célèbre est le « *Pontarlier* », que les nombreux amateurs appellent uniquement le « *Pont* ». La gentiane, plante spécifique du terroir y a aussi une large place avec plusieurs boissons qui s'apparentent à la Suze. Enfin, le sapin, roi des forêts du haut-Doubs, y est incontournable avec sa liqueur enfermée dans une célèbre bouteille en forme de branche d'arbre.

Cuillères à absinthe (musée de Pontarlier).

LE CHÂTEAU DE JOUX

Marquant l'entrée de la cluse, hérissée de falaises, les murailles du château de Joux semblent défier le promeneur du haut de leur piton rocheux, laissant augurer du rôle dissuasif qu'elles durent jouer de par le passé. Avant que l'on commençât son édification dès 1036, il semble que les Romains avaient déjà occupé cette position stratégique importante, voie obligée entre la Gaule et l'Helvétie. S'il n'est rien resté du *Miro-Altum* romain, le donjon à bossage du fort moyenâgeux et le puits ont pu être conservés, les autres parties de l'édifice n'ayant pas survécu au décompte des ans…

Bâti par les sanguinaires sires de Joux, il fut ensuite propriété de Philippe le Bon (1454), de Louis XI (1480), passa entre les mains de Charles Quint puis des maisons d'Autriche et d'Espagne (1507), de Suède enfin (1639 à 1645). Après plusieurs tentatives, les Français le récupérèrent définitivement en 1678, par le traité de Nimègue. Autant de propriétaires y ont laissé leur marque.

Du puits originel de 120 m foré au cœur de la montagne sur ordre d'Amauri II de Joux, on sait la triste histoire. Ce cruel seigneur voulut relier le sommet à la rivière coulant au pied des falaises. On enrôla de force les villageois des alentours, les voyageurs faisant route en bas de la cluse. Les malheureux creusèrent la roche pendant trente longues années avant d'atteindre le lit du Doubs. Les livres racontent que mille hommes y laissèrent la vie…

A quelques éléments de base datant du XVe siècle, on ajouta une enceinte au XVIe siècle mais il fallut la conquête de Louis XIV et l'arrivée de Vauban pour que le château devint réellement fort au XVIIe siècle. Pendant des années, Vauban et les frères Robelin, des ingénieurs comtois - déjà impliqués dans les transformations de la Citadelle de Besançon – supervisèrent les travaux qui permirent de moderniser le donjon, d'abattre la chapelle médiévale, de redessiner la troisième enceinte, de bâtir casernements, échauguette et porte Louis XIV, de creuser une quatrième enceinte et d'agrandir la cinquième, datant de Charles Quint. Les geôles furent transformées, qui allaient faire entrer Joux dans un nouveau rôle, celui de Prison d'Etat.

Elle accueillit des personnages aussi divers que des généraux chouans, un gouverneur de Rome et plus récemment le poète allemand Kleist, pris pour un espion autrichien. Parmi les plus célèbres figure Mirabeau, jeune homme dissipé et dépensier que ses parents firent enfermer, si l'on peut dire, dans l'espoir de le voir s'assagir. Il fut en effet traité avec grand respect et bénéficia de plus de confort que les prisonniers de droit commun, pouvant même sortir de l'enceinte quasiment à sa guise. C'est ainsi qu'il rencontra Sophie de Monnier, une jeune femme mariée avec qui il dut finalement s'enfuir pour éviter les foudres de son très vieux mari…

En 1802, ce fut au tour de Toussaint Louverture, le héros noir de la guerre d'indépendance d'Haïti et symbole de la lutte contre l'esclavage d'y être enfermé. Incarcéré à Joux sur ordre de Napoléon, il fut découvert un matin d'avril 1803, la tête appuyée sur le manteau de la cheminée, inanimé. Même si le froid fut particulièrement rigoureux cette année-là, sa cellule était chauffée… on ne peut que supposer que sa santé ne résista ni au climat ni aux conditions de détention.

La cellule de Mirabeau se visite toujours aujourd'hui, tout comme le cachot de Berthe de Joux, dont les murs ont du conserver le bruit de ses pleurs. Cette jeune épouse infidèle d'un des Sires de Joux fut en effet enfermée à vie dans cet étroit réduit où elle ne pouvait se tenir ni debout ni allongée.

« Le château sent la poudre », seulement dans la fiction d'une animation estivale.

Agrippée à son piton, la forteresse veille sur la cluse depuis dix siècles.

Nouveau rôle pour Joux à partir du XVIIIe siècle : celui de Prison d'Etat.

Dans la cour, le puits parfaitement conservé date du Moyen Âge.

LE CHÂTEAU DE JOUX

Avant que les fortifications de Vauban ne fussent également renforcées par Joffre à partir de 1879, elles permirent à Joux de connaître l'un de ses faits d'armes les plus célèbres. En 1871, l'armée de l'Est tenta de se replier en Suisse, sous le commandement du général Bourbaki. La défense de Joux, héroïque, refoulant les hordes de Prussiens à l'entrée de la cluse, jouant de l'artillerie depuis ses avant-postes, permit d'éviter un massacre aux « *Bourbakis* » en protégeant leur retraite. Même si l'arrière-garde laissa dans les neiges du haut-Doubs 1 200 hommes, ce furent près de 10 000 soldats exténués qui défilèrent silencieusement, durant deux jours et deux nuits pour rallier la Suisse.

La forteresse a connu il y a quelques années une toilette minutieuse, réalisée d'après les plans originaux de Vauban conservés aux archives du musée de la Guerre à Paris. Sans équivalents en France, les ponts-levis ont été totalement restaurés, des poutres en chêne jusqu'aux contrepoids, avec un souci du détail poussé à l'extrême puisqu'on fit même forger spécialement des clous d'un modèle disparu.

Quatre salles du château sont aujourd'hui devenues un lieu d'exposition pour le musée d'armes, riche de cinq cents pièces, rappelant ces époques où recharger un fusil n'était pas l'affaire de quelques instants... Les armes réglementaires racontent l'histoire de toutes les armées françaises, du XIIe au XIXe siècle, donnant un aperçu considéré comme le plus complet de France pour certaines des périodes exposées. Certaines armes sont de véritables pièces de collection, tel ce fusil de 1717, dont ne resteraient que trois exemplaires au monde. Même constat pour l'impressionnant étalage de coiffures militaires où les shakos (ces bonnets à poils de l'époque napoléonienne) voisinent avec des casques de grenadiers à cheval...

En face de Joux se dresse le fort Mahler (ou fort du Larmont inférieur), édifié de 1843 à 1851 pour protéger davantage le château et surveiller au mieux la cluse, perpétuel passage des zones montagneuses. On construisit dans le même esprit le fort Catinat (ou fort du Larmont supérieur), dans la seconde moitié du XIXe siècle, point de vue imprenable sur les chemins venant de Suisse via Pontarlier ou encore ceux de Salins, Morteau et Besançon.

Si le château est de nos jours une grande forteresse pacifique, où ne résonnent plus que les animations à l'ancienne des Arquebusiers ou les répliques de la troupe du festival des Nuits de Joux, il aura fallu près de dix siècles pour qu'il ne soit enfin qu'un tranquille belvédère sur la vallée du Doubs.

Démonstration à l'ancienne des arquebusiers .

En face du château de Joux, le fort Mahler surveille l'autre versant de la cluse depuis le XIXe siècle.

LA RÉPUBLIQUE DU SAUGEAIS

Vert clair des prairies contrastant avec le vert sombre des sapins : un paysage typique du haut-Doubs, ici aux rochers du Cerf.

Passant le *« pont aux chèvres »* en direction du nord, on s'éloigne de Pontarlier en longeant le Doubs, dont la route suit le cours devenu pour un temps paisible, bordant de vastes prairies surmontées d'une crête de sapins. Le ruban du Doubs pénètre tout tranquillement dans une contrée insolite : le Val du Saugeais, plus communément appelé *« République du Saugeais »*, qui, si elle ne figure pas dans les manuels scolaires, est cependant bien réelle.

Regroupant douze communes qui s'étalent du nord de Pontarlier aux confins de Morteau, cette petite République de 30 km^2 forme une communauté distincte, qui porte blason, parle *« Saugeais »* (il y a encore un siècle du moins...), chante son hymne national, possède sa chaîne de télévision et un timbre à son effigie, le tout sous la houlette d'une dynamique Présidente, élue à vie et qui compte quasiment trente ans de règne ! À près de 95 ans, madame Gabrielle Pourchet tient toujours son rang et représente avec fierté *« son beau pays »*, aidée dans sa charge par un Premier ministre, un douanier et trois ambassadeurs. Elle n'est pas avare en laissez-passer et attribue à quelques *« Français »* triés sur le volet le titre envié de *« citoyen d'honneur »*, parmi lesquels le premier d'entre eux fut, en 1976, le président de l'Assemblée Nationale Edgar Faure, également député d'un canton du haut-Doubs.

L'abbaye, fleuron médiéval

Le siège du Gouvernement se situe en toute logique dans la capitale : Montbenoît, où trône une superbe abbaye du XIIe siècle, dont la restauration doit beaucoup à la présidente et à ses ouailles. Cette abbatiale y fut érigée, dit-on, parce que l'ermite Benoît était venu chercher paix et solitude au milieu des forêts qui couvraient alors le Saugeais. Plus tard, un prieuré dont on ignore l'origine s'y serait établi en 1130, devenu ensuite celui des chanoines réguliers de Saint-Augustin. La construction de l'édifice débuta au XIIe siècle, financée par les

PRÉSIDENCE de la RÉPUBLIQUE
du SAUGEAIS
25650 MONTBENOIT

Je soussignée Gabrielle Pourchet
Présidente de la République
libre du Saugeais
Autorise M. Denis Marraux
A circuler librement sur tout le
territoire Sauget
Il devra être accueilli avec courtoisie
sinon, de sévères sanctions devront
prises.
Laissez passer fait à
Montbenoit le 11.10.96
La Présidente
G. Pourchet

PRÉSIDENCE DE LA RÉPUBLIQUE DU SAUGEAIS
MONTBENOIT
(Doubs)

sires de Joux, et s'étala jusqu'au XVIe siècle, tandis qu'on défrichait en même temps les terres environnantes.

L'abbaye semble encore aujourd'hui, de par son atmosphère de calme et de recueillement, prête à résonner du bruissement des bures d'une file de moines partant à la prière, le long des arcades du cloître. Comme l'église, ce dernier date du XIIe siècle, du moins pour ce qui concerne les piliers à colonnettes jumelées, dont le décor des chapiteaux mêlant végétal et animal atteste de l'art roman. Les voûtes et les portes d'angle lui furent adjointes au XVe siècle, tandis qu'à la même époque on accolait le cloître au flanc sud de l'église. La vaste nef de l'édifice, toute de sobriété, date de ses origines et dénote de l'influence cistercienne, mais on y ajouta une voûte gothique avec croisée d'ogives du plus bel effet. Dans les bâtiment annexes, la cuisine a conservé sa monumentale cheminée et peut se visiter, tout comme la salle de guet ou le cachot.

Au XVIe siècle, l'abbé de la paroisse Ferry Carondelet, également conseiller de Charles Quint, œuvra sans compter pour sauver de la ruine ce qu'il restait de l'abbaye. Le pays venait en effet de connaître à un siècle d'intervalle, la grande peste de 1348 et un massacre des Bernois en 1475, laissant le Saugeais quasiment dépeuplé. Le chœur couvert d'une voûte flamboyante et ses chapelles latérales furent reconstruits dès 1522, ainsi qu'une niche abbatiale ou encore la superbe porte de la sacristie, surmontée d'une sculpture équestre d'un des sires de Joux.

Les vingt-six stalles en bois richement sculpté datant de 1527 sont remarquablement conservées. L'artiste, qui savait sans conteste manier le ciseau à bois, a su donner aux personnages des scènes bibliques ou davantage païennes, une vie extraordinaire comme en témoigne la savoureuse « *Correction d'Aristote* »... On remarquera enfin un bel ensemble en bois polychrome, dont les statues du XVIe siècle évoquent la Vierge à l'Enfant et les Rois Mages.

L'abbaye qui n'abritait plus que six moines, dut fermer ses portes en 1773. Quasiment laissée à l'abandon, elle fut néanmoins couverte d'un clocher de style néo-gothique au début du XXe siècle. Ce joyau religieux médiéval, le seul de cette importance conservé dans le département, connaît une seconde vie depuis 1976, grâce aux habitants de la République qui se sont investis au côté de l'abbé Jeantet. Ce chantre des travaux de restauration travailla pendant dix longues années pour sortir l'abbaye de sa sinistre appellation de « *chef-d'œuvre en péril* ». Une résurrection véritablement réussie...

Un air de montagne

Aux abords du défilé d'Entre-Roches, quelques kilomètres en aval, le Doubs s'enfonce dans une voie étroite, bordée de falaises. Pas avare en histoires et traditions chargées de mystères, la République du Saugeais nous donne encore à voir, au milieu des escarpements où la route fut taillée dans le roc, deux sites impressionnants.

On accède au premier par un sentier en sous-bois, qui mène à l'énorme voûte de la grotte du Trésor où coule un mince cours d'eau. Le second, plus mystique se trouve à deux kilomètres : la petite grotte Notre-Dame de Remonot, dont l'intérieur a été transformé en chapelle, abrite une Vierge miraculeuse. Le ru de la grotte du Trésor parvient ici : il est enjambé par un mini-pont situé derrière l'autel. Ses eaux auraient la propriété de guérir les maladies des yeux et les pèlerins s'y sont pressés pendant des siècles pour y baigner leurs maux oculaires : en témoignent les nombreux ex-voto accrochés aux parois de la grotte, attestant les cures miraculeuses.

Dans les villages environnants de Montbenoît, les maisons se font plus imposantes, plus charpentées. Il faut dire qu'ici, à Hauterive-la-Fresse, La Chaux de Gilley ou Gilley, pour n'en citer que quelques-uns, l'altitude avoisine mille mètres. On est déjà au pays des « *fermes à tué* », mais leur berceau se trouvant à quelques kilomètres de là, dans le val de Morteau, nous rendrons à César ce qui lui appartient en consacrant quelques pages à ces énormes bâtisses un peu plus loin. Néanmoins, il convient de citer ici « *le tué du papy Gaby* », sis à Gilley, où se fument dans la plus pure tradition les salaisons comtoises, jambons et autres saucisses de Morteau. Le visiteur y apprendra comment fonctionne cette gigantesque cheminée, où s'alignent des milliers de pièces, accueilli à l'entrée par un automate grandeur, figurant M. Marguet, le fondateur de l'établissement.

Avant de s'éloigner du Saugeais, une escapade jusqu'au Crêt Monniot, surplombant Gilley, permet d'admirer à 1 142 mètres d'altitude le val environnant.

L'abbaye de Montbenoît, splendide réalisation du XIIe siècle.

Atmosphère de quiétude sous les arcades du cloître.

Le val de Morteau et Villers-le-Lac

Depuis le mont Châteleu, la vue s'étend en direction du Crêt Monniot.

Le « tuyé » d'une ferme du haut-Doubs est cette grosse cheminée surmontée de vantaux mobiles.

Sorti de l'escarpement des défilés d'Entre-Roches et du Coin de la Roche, le Doubs reprend son souffle pour devenir un long méandre paresseux à l'approche du val de Morteau. Avant de parvenir à la capitale horlogère du haut-Doubs, un détour s'impose, quelques kilomètres avant Morteau, jusqu'au village de Grand'Combe Châteleu qui possède pas moins de soixante-dix huit fermes à « *tuyé* », ces immenses bâtisses typiques de l'habitat régional et qui ont vues le jour ici.

Si elles sont parsemées dans la majeure partie des villages du haut-Doubs, elles sont ici omniprésentes, particulièrement dans le quartier des Cordiers où trois d'entre elles sont classées à l'Inventaire des Monuments Historiques. La ferme-atelier du Beugnon est installée dans une superbe bâtisse de 1650 et présente du matériel de l'artisanat rural et de l'agriculture d'autrefois (atelier de forgeron, collection de rabots de menuisier etc.) tandis qu'une autre demeure séculaire abrite une forge encore en activité, identique à l'originelle qui date de plus de cent ans.

Sur les hauteurs de Grand'Combe Châteleu, le mont Châteleu, point culminant du val de Morteau, avec 1 309 mètres d'altitude, est un beau but de promenade dominant l'ensemble du val et rappelant l'une des vocations touristiques du Doubs : la randonnée pédestre (voir page suivante). L'auberge du Vieux Châteleu, perchée à 1 200 mètres sur la montagne, propose des plats typiquement régionaux que ne dédaigneront ni les marcheurs, ni les skieurs, qui quitteront sans doute à regret ce havre de plénitude. On est ici sur le tracé de la Grande Traversée du Jura (page 60), un itinéraire unique pour les amateurs de randonnées mais aussi à deux pas de la vallée suisse de la Brévine, que l'on peut rallier à pied ou encore à skis, grâce à des itinéraires soigneusement balisés.

Au pays des fermes à « tuyé »

Monument emblématique de l'architecture du haut-Doubs, la ferme à « *tuyé* » (mais aussi « *thué* » ou « *tué* », désignant en patois le tuyau, par où s'échappe la fumée) également baptisée ferme du montagnon, est aisément

L'une des 78 fermes à tuyé que compte le village de Grand-Combe Châteleu.

LA RANDONNÉE PÉDESTRE

D'aucuns assimilent peut-être la randonnée pédestre, premier loisir pratiqué en France, à l'image du grand sportif, ployant sous un énorme sac à dos. Il n'en est pourtant rien, car le Doubs offre, sur ses 3 000 kilomètres de sentiers balisés (830 kilomètres en G. R - grande randonnée - le reste étant constitué de sentiers de petite randonnée - P.R.- et de G.R. de pays), bien des circuits qui peuvent parfaitement se découvrir en famille, le relief de moyenne montagne étant adapté à toutes les pointures.

Les sportifs y trouveront aussi des tracés plus difficiles, avec des dénivelés qui contenteront les plus exigeants tandis que les amateurs de marche mais aussi de culture trouveront dans les circuits à thème (celui du Sel/les Gabelous à Arc-et-Senans ou encore des Bornes sur la commune des Fourgs) matière à marcher intelligemment.

Le réseau des sentiers s'étend comme une gigantesque toile d'araignée sur l'ensemble du département, et non pas en boucle, ce qui permet, si on le souhaite, de le traverser de part en part. Parmi les très beaux tracés, signalons ceux des vallées de la Loue et du Lison, du mont d'Or, du val de Morteau et du Saut du Doubs, mais aussi du Doubs franco-suisse, qui traversent pâturages, hameaux aux fermes comtoises, forêts de sapins, longent les rivières ou descendent dans des gorges à la beauté exceptionnelle, le tout dans un décor d'un vert éblouissant.

reconnaissable : immense, trapue, bardée de bois, elle est coiffée d'une cheminée pyramidale. C'est le tuyé, véritable pièce à l'intérieur de la ferme, cœur de la maison parce que la plus chaude, où flambait en permanence un bon feu de bois. Le four à pain y était installé, on y faisait la lessive mais aussi les repas, dans une grosse marmite suspendue au-dessus de l'âtre.

Dès le XVIe siècle, les paysans logèrent dans le conduit du tuyé les pièces de bœuf, les saucisses et lards pour les mettre à sécher. Naquirent ainsi des salaisons aujourd'hui réputées : le *« bresi »* (viande de bœuf séchée), la saucisse de Morteau, le jambon du haut-Doubs figurant parmi les plus célèbres. Un système de perches, disposées de manière transversale dans le tuyé permettaient (et permet toujours, car on fume de la même manière) d'accrocher les salaisons. Entièrement en bois, le tuyé mesure de huit à onze mètres de haut, coiffé sur son sommet de deux vantaux mobiles, orientés côté bise et côté vent, que l'on actionne depuis le bas à l'aide d'une perche ou d'une corde, pour modifier le tirage.

Autrefois très isolés durant les longs hivers, les paysans avaient conçu leur ferme pour pouvoir vivre en autarcie. Le rez-de-chaussée, comprenant les pièces d'habitation, écurie, atelier, cave et débarras, était construit autour du tuyé, dont la chaleur tempérait les chambres avoisinantes. À l'étage, un grenier et une immense grange conservait le fourrage pour les bêtes, le foin étant séché par le tuyé. Cette pièce maîtresse de la ferme du montagnon servit même, lors d'hivers particulièrement rudes, de seule porte de sortie vers l'extérieur, quand les congères de neige bloquaient toutes les issues.

Ces splendides monuments du patrimoine comtois peuvent se voir dans les cantons du Russey, de Maîche, Morteau, Montbenoît, Pierrefontaine-les-Varans, Vercel, Pontarlier et Mouthe. Plusieurs d'entre elles sont devenues musées, gîtes d'étape, auberges. D'autres ont bien sûr conservé leur fonction de ferme et plusieurs utilisent toujours leurs tuyés pour fumer les salaisons.

Blottie au fond du val, Morteau est bordée par les méandres du Doubs.

Morteau, capitale du val

Morteau est nichée au fond d'un val verdoyant, où le Doubs passe de manière si paisible qu'il est à l'origine du nom de la cité, à l'image de *« l'eau morte »* qui le baigne (*« Mortua aqua »* au tout début du XIIe siècle). De cette époque et des suivantes peu de vestiges subsistent, Morteau ayant été ravagée par un immense incendie en 1865, qui brûla cinquante bâtiments.

L'église Notre-Dame de l'Assomption fut plusieurs fois reconstruite et il ne reste rien de l'édifice originel du XIIe siècle, bâti avec le prieuré, qui fut à l'origine du peuplement du val. Son architecture est néanmoins intéressante même si elle rassemble plusieurs époques, avec le chœur édifié au XVe siècle, le clocher au XVIe, une nouvelle nef au XVIIe ainsi que la chapelle du Rosaire. Si quelques éléments datent de l'époque médiévale (chapiteau du XIIe siècle et dalle funéraire du XVe) la plupart du mobilier remonte au XVIIIe siècle.

Autres rares monuments anciens de la cité, datant tous deux de la fin du XVIe siècle, l'hôtel de ville et le château Pertusier, à la façade

Fabrication des beignets à la fête du Beugnon de Grand-Combe-Châteleu.

A la ferme du montagnon, les salaisons sont « pendues » dans le tuyé grâce à un système de perches.

richement décorée, bel et rare exemple du style Renaissance dans le haut-Doubs. Il a la particularité d'abriter en ses murs ce qui figure comme la mémoire de cette région : un musée de l'horlogerie.

Si l'invention de la montre remonte vraisemblablement au début du XVIe siècle, l'ancêtre des modèles actuels, petit et léger, serait né dans le Jura suisse dans la seconde moitié du XVIIe siècle, de l'autre côté de la frontière, au Locle, puis développé à la Chaux-de-Fonds et à la Brévine.

Le château Pertusier abrite un musée de l'horlogerie.

Atelier technique à la société Péquignet, un des leaders de la montre haut de gamme.

Le pays horloger

À deux pas de la Suisse, le val de Morteau n'échappe pas à l'engouement de cette nouvelle activité : la fabrication de la montre gagne les communes de ce secteur pour devenir très vite une véritable industrie dès le XIXe siècle. Le processus d'élaboration d'une roue à cylindre nécessitant par exemple plus de 600 opérations, les villages ne tardèrent pas à se partager les tâches : Les Gras s'occupait de l'outillage, Villers-le-Lac des ébauches et Charquemont des échappements à cylindre tandis qu'à Morteau les ouvriers chapeautaient le tout, effectuant l'assemblage des différents composants de la montre. C'est à cette même époque que naquit la profession peut-on dire, des « *paysans horlogers* ». Coincés par la neige durant les longs mois d'hiver où toute vie agricole était mise en veille, les fermiers s'assurèrent un second revenu en travaillant « *à la fenêtre* », éclairés par la faible lumière du jour. Les paysans du haut-Doubs connaissaient une grande renommée quant à leur dextérité dans la fabrication ou l'assemblage des montres.

Si cette tradition a aujourd'hui disparu, l'horlogerie est toujours présente dans l'ensemble du val, depuis Morteau en passant par Charquemont et Damprichard où sont rassemblées plus de la moitié des entreprises françaises travaillant à ses différentes composantes (boîtiers, bracelets, mouvements, cadrans etc.) et lui conférant le titre de « *pays horloger* ». Un savoir-faire reconnu de par le monde, bien des horlogers ayant su s'orienter, malgré l'avènement du mouvement à quartz, vers une qualité haut de gamme, telles les sociétés Herbelin, Péquignet ou Fresard pour ne citer que les plus prestigieuses.

Le musée du château Pertusier raconte cette longue histoire où le val de Morteau vécut de la mono-industrie horlogère. Plusieurs salles ainsi qu'un atelier des années 30 restituent l'ambiance et les outils utilisés depuis le XIXe siècle jusqu'à nos jours, exposant également des collections de montres et d'horloges. Toujours à Morteau, Yves Cupillard fabrique des horloges comtoises dans la plus pure tradition et expose en outre dans son magasin une belle collection d'automates, eux aussi confectionnés par ses soins. De taille humaine, certains sont des répliques parfaites de personnages locaux, tel celui de Jean-Pierre Razurel, patron du restaurant l'Époque qui cuisine avec talent l'un des fleurons de la gastronomie comtoise : la saucisse de Morteau (voir page 62).

La maison Obertino, toujours à Morteau, a la particularité, car le métier est rare, d'être fondeur de cloches. Née au début du XIXe siècle, l'entreprise perpétuait en fait la tradition locale, qui vit des générations de « *saintiers* » se succéder à Morteau, depuis la création du prieuré bénédictin créé au XIIe siècle. Les saintiers moulaient d'énormes cloches destinées aux clochers des églises, une production qui se raréfia aux abords de la première Guerre mondiale, la construction d'édifices religieux n'étant plus qu'épisodique.

Si la fonderie Obertino fabrique encore des clarines destinées aux montbéliardes - mais plutôt pour les foires ou les comices, car on n'entend plus que rarement dans les pâtures le son grave des « *campènes* » au cou des vaches...-, son public essentiel est... le touriste, très friand de « cloche souvenir ». Les secrets de fabrication se transmettent de génération en génération mais l'on peut assister à la coulée des métaux en fusion et s'offrir une cloche miniature, collier de cuir inclus, fabriqué dans l'atelier de bourrellerie attenant à la fabrique.

Seule une autre fonderie de cloches existe en Franche-Comté : elle est aussi dans le Doubs, à Labergement-Sainte-Marie sur les berges du lac Saint-Point, et fabrique des cloches en bronze qualifiées « d'extra sonores ».

Coulée des métaux, démoulage des cloches et atelier de bourrellerie à la fonderie Obertino de Morteau.

L'HORLOGE COMTOISE

Née en terre jurassienne en 1680, la première horloge comtoise n'était qu'un mouvement avec deux poids et un balancier. On l'installa dans sa caisse en bois dans les années 1730. Dès lors, sa fabrication et sa renommée se développent rapidement : dans le canton de Morez, son berceau jurassien, les artisans en vendent 4 000 en 1800 et son aire de production s'étend dès 1850 jusqu'au département du Doubs.

Avec le temps, on l'agrémente de cadrans émaillés, on peint son balancier, on choisit des bois précieux pour façonner sa caisse : chêne, orme ou merisier entrent dans les salons tandis que le rustique sapin trône toujours dans les habitations plus modestes. Robuste et d'une longévité à toute épreuve, elle acquiert une notoriété internationale, connaissant son apogée à l'aube du XXe siècle où il s'en vend 40 000 par an.

La récession engendrée par les prémices d'une seconde guerre mondiale marque la fin de sa fabrication en série : on arrêta le balancier des dernières comtoises en 1939.

Depuis les années 70, des passionnés (quatre dans le Doubs) ont décidé de ne pas suivre le mouvement : ils ont repris la fabrication des horloges comtoises selon le savoir-faire des anciens. Même si la production de la « *Comtoise* » n'atteint pas les formidables chiffres d'il y a un siècle, sa renommée est telle qu'elle fait désormais partie des meubles de par le monde : son tic-tac apaisant rythme les heures américaines jusque dans les murs de la Maison Blanche...

Yves Cupillard, horloger, choisit une roue pour une comtoise.

Atelier de réparation de comtoises au Bizot.
(en bas, à gauche) : Michel Monnier, dernier émailleur de cadran d'horloge.

Signe particulier : robe brun-rouge tachetée de blanc (ou vice-versa).

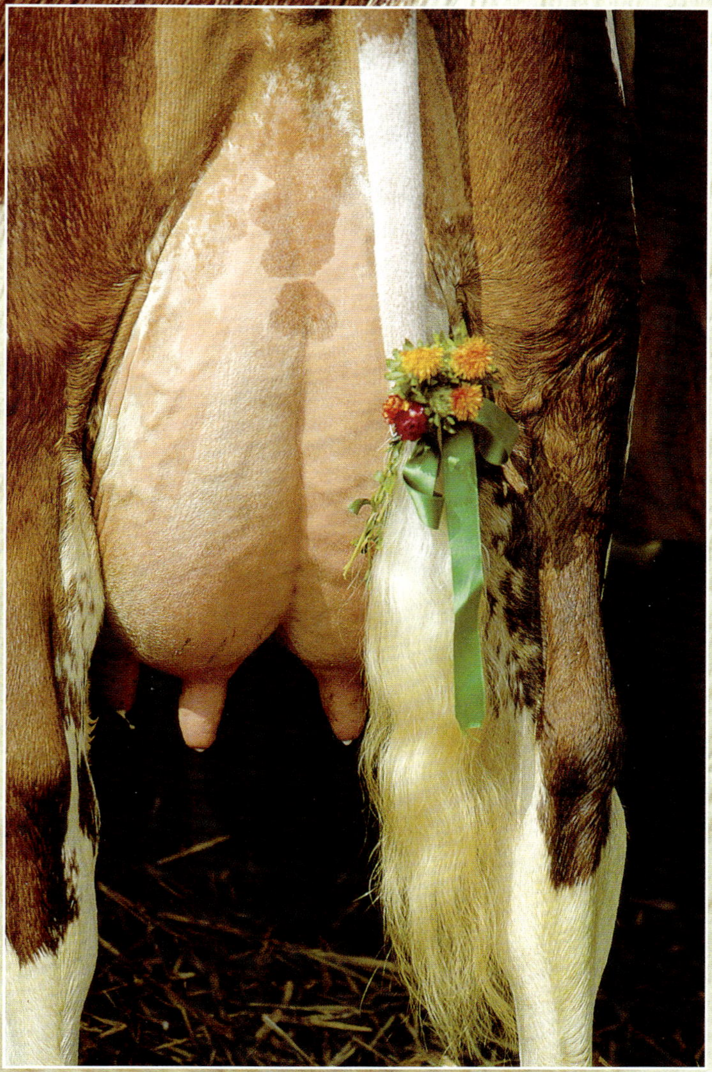

Une décoration « spéciale comice ».

LA MONTBÉLIARDE EST NÉE ICI

Avec sa belle robe blanche tachetée de brun-rouge (ou l'inverse), la vache montbéliarde est l'un des symboles de la terre franc-comtoise, où elle est omniprésente : le cheptel y atteint 215 000 bêtes !

. Née en 1872 où elle fut présentée pour la première fois au concours agricole de Langres par Joseph Graber, un éleveur suisse anabaptiste, elle est depuis cette date *« modèle déposé »*. Néanmoins, la laitière d'aujourd'hui est l'œuvre de la famille Mamet, originaire des Fins, dans le val de Morteau, dont la rigoureuse sélection donna les résultats que l'on sait. La vocation agricole de cette petite commune du Doubs ne s'est jamais démentie : en 1901, les Mamet fondent le premier syndicat d'élevage en France. Aujourd'hui, on compte aux Fins quarante exploitations (record départemental) qui s'occupent de trois mille vaches !

C'est là que se fait la sélection du bétail sous la houlette de l'Upra (Unité nationale de sélection et de promotion de la race bovine montbéliarde, l'ancien herd-book), dont le président habite évidemment la commune. L'Upra coordonne les éleveurs, syndicats d'élevage et organismes de sélection, agrée les animaux. La vache montbéliarde est désormais la deuxième laitière de l'hexagone, derrière la Holstein. Dans le Doubs, berceau de la race, elle représente 95 % du cheptel, un cas unique dans un département français, tandis qu'ailleurs elle occupe les pâturages de soixante-quinze départements et s'exporte dans trente pays. Si la production brute moyenne d'une de ces laitières avoisine les 7 500 kilos de lait par an, les championnes peuvent réaliser plus de 100 000 kg dans leur carrière, le record absolu étant détenu par Lorraine, qui produisit 154 880 kg !

Bien des manifestations ont lieu dans le département, entièrement vouées à la cause des montbéliardes. C'est le cas des comices, une vingtaine chaque automne, qui réunissent les plus beaux spécimens de la race. Lavées et lustrées, ces dames participent à des concours, récompensant entre autres la meilleure mamelle, la meilleure conformation bouchère et la championne du comice. Les animaux primés défilent dans une ambiance festive et l'on ne manque pas de déguster Comté, Morbier, Emmental et tant d'autres, fruits du labeur de ces belles laitières *« made in Doubs »*.

LA SAUCISSE DE MORTEAU

Charnue, à la peau lisse, brune et dorée, la saucisse de Morteau connaît un renom certain hors de Franche-Comté, particulièrement depuis son appellation en A.O.C. qui date de 1977. Estampillée du label régional, la « *véritable* » saucisse de Morteau est née dans les « *tuyés* », ces grandes cheminées des fermes comtoises. Sa fabrication doit se faire impérativement au-dessus de 600 mètres, dans une aire de production s'étendant de Mouthe au sud, jusqu'aux confins de Maîche. Un rectangle de métal vert et blanc attaché à l'une de ses extrémités atteste de sa fabrication labellisée, selon des règles fort précises. Car, depuis la décision par le conseil d'Etat en 1999 d'élargir la zone d'IGP (indication géographique protégée) aux départements du Doubs et du Jura à une altitude inférieure à 600 mètres, il y a désormais les autres, les producteurs « *hors label* ».

Le label régional impose une fabrication à partir de porcs engraissés dans la région, sans additifs et avec une tolérance en matière grasse avoisinant 30 %. La saucisse mortuacienne ne peut être fumée qu'à la sciure de résineux et de genévriers, pendant quarante-huit heures au minimum, ce qui lui donne un goût particulier et inégalé. Conseil suprême : ne pas la piquer avant de la cuire, la recouvrir d'eau froide que l'on amènera à frémissement (surtout pas à ébullition) pendant une trentaine de minutes. Elle restera ainsi moelleuse et juteuse à souhait.

Ardemment défendue et honorée par les habitants de Morteau, la saucisse a son concours (les trois meilleurs saucisses sont récompensées par des morteaux d'or, d'argent et de bronze), sa fête (une grande manifestation estivale), et une confrérie, celle des « Chevaliers porte-cheville » (en rappel au bâtonnet de bois qui ferme le boyau de la Morteau). Avec une production actuelle de 2 150 tonnes de saucisses contre 200 l'année d'obtention du label, gageons que la Morteau n'a pas fini de faire parler d'elle.

La « Morteau » : une fabrication rigoureuse et un fumage délicat, qui durera au minimum 48 heures ; aussi bien chez Damien Faivre de Grand-Combe-Châteleu, que chez Noël Myotte, à grandfontaine-Fournets.

Le Doubs franco-suisse

Le Doubs, ici à Biaufond, marque la frontière avec la Suisse, en face.

Le barrage du Châtelot, géant arc-bouté entre les montagnes suisses et françaises.

Les « Échelles de la Mort », utilisées jadis par les contrebandiers.

PASSÉS les soixante-quatorze mètres du barrage du Châtelot, le Doubs ne va cesser de longer la frontière suisse jusqu'au-delà de Goumois, où il entrera franchement en terre helvétique, le temps d'un petit crochet. D'ici là, il poursuit son parcours dans un superbe décor aux allures sauvages, coincé dans un canyon au niveau du Châtelot, entouré partout d'une parure de verdure, déambulant au fond de gorges encaissées. Les sentiers pédestres sont rois par ici, épousant souvent le tracé de la rivière où l'on peut rarement accéder en voiture. Se découvrent ainsi grâce au GR 5, le territoire du solitaire Némorin des Loutres, juste après le Châtelot, puis la grotte du Grenier, où les paysans se réfugièrent avec leur récolte lors de l'invasion suédoise du XVIe siècle.

Le Doubs sort de sa prison encaissée pour s'étaler soudain sur une vaste surface : le lac de Biaufond, peuplé d'oiseaux sauvages et particulièrement de cygnes tuberculés. Au milieu du lac, la borne des Trois Evêchés rappelle l'histoire tumultueuse des évêchés de Bâle et Lausanne pour la Suisse et de Besançon pour la France, qui se disputèrent longtemps sur les limites de leurs « circonscriptions ».

De nouveau, la rivière s'enfonce entre de gigantesques falaises, entrant dans une portion au nom sinistre de « vallée de la Mort » : le rocher devient roi à partir de là, conférant au paysage une allure sévère mais aussi grandiose. Non loin de là s'accrochent à flanc de falaise les dizaines de marches des « Échelles de la Mort », encore une fois portant le nom de la Grande Faucheuse, comme bien des sites de ce secteur. Réputées dans la région comme étant jadis un haut-lieu de contrebande, on imagine aisément le tour de force de ces hommes, escaladant les sinistres échelles - alors en bois -, chargés comme des mulets, tâchant de passer en Suisse (ou vice-versa) par ce moyen fort dangereux.

Les années de la conquête française s'ajoutant aux guerres et occupations des siècles précédents avaient laissé le peuple fort démuni. Les « *bricottiers* » (de « *bricotte* » petit trafic) francs-comtois commencèrent donc au XVIIe siècle un trafic de sel, suivi au moment de la Révolution

par d'autres denrées : tabac, épices, coton ou encore poudre de chasse. Aux *« Echelles de la Mort »*, les contrebandiers allèrent jusqu'à passer... des veaux. Les jeunes bovins étant à l'époque moins chers en Suisse qu'en France, les fraudeurs prirent tous les risques pour aller s'approvisionner en terre helvète et revenir vendre le fruit de leur trafic dans le haut-Doubs... traqués par les *« Gabelous »* (surnom des douaniers), qui mirent fort longtemps à démanteler leur réseau. Si l'on peut aujourd'hui escalader sans crainte les *« Echelles »*, désormais en fer et sans douaniers à l'affût, l'ascension n'est pourtant pas conseillée aux personnes sujettes au vertige...

En suivant depuis là le fléchage *« Refuge du Vaudey »*, le sentier mène d'abord à la grotte du Moine puis, quelques centaines de mètres plus loin, à la barrière rocheuse de la Cendrée, qui s'étire sur un kilomètre. Le belvédère qui la domine, celui de la Cendrée, est l'un des plus beaux balcons qui soient, dominant d'un à pic de 450 mètres les gorges de la vallée du Doubs en contrebas et plus loin sur les Franches-Montagnes suisses, incluant le lac de Biaufond, rencontré précédemment.

Passé le barrage de la Goule, le Doubs reprend sa course fantasque, s'approchant de Goumois gonflé de remous au niveau des rapides du Theusseret, se jouant dans un grand bouillonnement du dédale de rochers piquetés là par dame Nature. Une portion de rivière d'une qualité telle qu'un stade de slalom international, celui des Seignottes, y fut créé en 1992 pour les amateurs de canoës et kayaks (voir page 68), à l'aplomb du belvédère de la corniche de Goumois.

Goumois, « perle de la vallée du Doubs »

La route surplombe la rivière d'une centaine de mètres sur près de trois kilomètres pour parvenir au village de Goumois, surnommé « perle franco-suisse de la vallée du Doubs ». Le paysage reprend dès lors ses aises, sortant du long « Défilé de la Mort » pour s'étaler dans une somptueuse vallée, dont on aura le plus bel aperçu depuis le point de vue aménagé sur la corniche qui porte le nom de la commune. Le panorama à 180°, dont ne se lassent ni les habitants, ni les touristes, ni les photographes et peintres qui s'y rendent avec délices, est franchement éblouissant.

Au fond du vallon, Goumois se blottit contre son église (bel exemple d'architecture baroque), ceinturé sur ses versants par des montagnes couronnées de sapins, où le blanc crayeux de quelques rochers forme un saisissant contraste. L'un d'eux, le profil simiesque du rocher du Singe, surplombe le village côté suisse. Car Goumois, site touristique classé, a la particularité d'être pour moitié français, pour l'autre suisse, étant traversé en son milieu par le Doubs, qui marque la frontière. C'est donc une commune à deux vitesses, avec deux maires, 180 habitants français contre 120 suisses, deux postes de douane et des centaines de frontaliers, passant chaque jour le pont de Goumois pour aller travailler *« de l'autre côté »*.

Au-dessus, Goumois vu depuis la Suisse. En bas, la frontière française.

Le lac de Biaufond.

DOUANE
ZOLL
ici
commence
la
FRANCHE-COMTÉ
heureuse de
vous accueillir

Doubs, Dessoubre ou Loue : une population en truites que traquent inlassablement les pêcheurs.

Parcours de pêche d'exception

Dans cet environnement préservé, où Jean-Jacques Rousseau vint herboriser dans les années 1760, se sont développées de multiples activités de pleine nature, dont la randonnée pédestre, avec des chemins de traverse qui coupent le GR5 et serpentent des deux côtés de la frontière. Les spéléologues ont remplacé les ours dans les grottes du rocher du Kaiser et du Bief-Paroux, dont l'existence jusqu'au début du XIXe siècle est rappelée sur une façade d'une maison du village.

Mais la pêche est sans conteste le loisir qui marque le plus cette portion de la vallée du Doubs. Réputé parmi les meilleurs parcours à salmonidés au niveau européen, le Doubs franco-suisse s'étend sur quarante kilomètres, incluant le Saut du Doubs et les gorges, s'achève à Fuesse, en aval du parcours de Goumois. Si les sociétés de pêche ne sont que françaises par endroit, la plus importante d'entre elle, la Franco-suisse, sise aux alentours de Goumois, gère vingt-cinq kilomètres de rives classées en 1ère catégorie entre Biaufond et Fuesse, le tout avec une entente entre les deux pays, permettant de pêcher depuis les deux rives avec la même carte.

Le parcours de la Franco-suisse est scindé en trois secteurs, le Refrain, la Goule et Goumois, ce dernier étant le plus grand et représentant pour les pêcheurs un parcours exceptionnel. Il est vrai que l'environnement de toute beauté et la réputation du Doubs à cet endroit comme étant particulièrement abondant en truites considérées comme sauvages (les farios) et en ombres de même acabit y sont pour beaucoup. Néanmoins, même si les poissons y sont nombreux, ils ont aussi un fort instinct de conservation et ne se donneront qu'aux plus habiles... La pêche à la mouche possède en outre ici un parcours mythique avec les trois kilomètres du Moulin du Plain, hôtel Relais Saint-Pierre fondé par Pierre Choulet, créateur de cette chaîne d'hôtels *« spécial pêcheurs »* qui compte aujourd'hui en France quatre-vingt établissements.

Le rocher du singe, en surplomb de Goumois suisse.

Le Doubs franco-suisse : une réputation européenne pour sa richesse en salmonidés.

A TOUTE PAGAIE EN CANOË-KAYAK

Si le site des Seignottes de Goumois a acquis depuis une dizaine d'années ses lettres de noblesse grâce à la fréquentation de son parcours par l'élite mondiale de canoë-kayak, il est aussi le reflet de la qualité des rivières du Doubs auprès des amateurs de ce sport. À Goumois, les rapides du Theusseret ont accueilli des épreuves internationales dans les années 50, mais depuis la création de son parcours de slalom international en 1992, le site est régulièrement sélectionné pour des compétitions où se pressent les champions de tous les pays. Hormis ce parcours somptueux pour les pros mais que l'on ne saurait conseiller aux néophytes, le Doubs offre dans d'autres secteurs des eaux moins houleuses, accessibles au plus grand nombre. Calme au niveau du lac Saint-Point, son débit devient plus soutenu du côté du défilé d'Entreroches, permettant aux plus sportifs de jouer de la pagaie en eaux vives.

Le cours de la Loue est devenu depuis quelques années un grand classique en matière de descente de rivière et si sa fréquentation ne cesse d'augmenter, elle reste pourtant navigable dans une assez grande tranquillité. Plusieurs sociétés de loisirs proposent des balades accompagnées, permettant de passer en toute sécurité la trentaine de seuils et barrages que compte son parcours. Les 170 kilomètres de la Loue offrent la possibilité de naviguer quasiment jusqu'à son confluent, que ce soit dans une randonnée de plusieurs jours ou dans de petites sorties à la demi-journée ou à la journée. Un parcours qui débutera quelques kilomètres après sa source, à Mouthier, encadré de ses falaises boisées, passant ensuite d'eaux vives en eaux calmes, ponctuées de petits barrages, à Lods, Vuillafans et Montgesoye, pour arriver à Ornans. Une seconde balade part de la petite Venise comtoise via Cléron. On traverse la patrie de Courbet, passant entre les jambes d'un pont séculaire pour naviguer ensuite entre les maisons au ras de l'eau avant de rallier le miroir de Scey pour s'arrêter au pied des majestueuses tours du château de Cléron. Le paysage, tout de nature brute jusqu'à Quingey, en moyenne Loue, se borde ensuite des châteaux de la Roche ou de Rennes-sur-Loue avant d'atteindre Arc-et-Senans.

Pour peu que la réglementation soit respectée (points d'embarquement, jours et heures de navigation précis sur les deux rivières) et qu'un minimum de civisme et de technique laissent aux pêcheurs leur espace de tranquillité, la cohabitation se fera en bons termes…

A la découverte de la Loue ou du Doubs en canoës et kayaks, avec Cap-Loisirs-Emotion de Quingey.

De Maîche en vallée du Dessoubre

Le Russey, encadré de forêts et tourbières.

Flamboyante en automne, la vallée du Dessoubre.

LE PLATEAU DE MAÎCHE - LE RUSSEY

QUITTANT pour un temps le cours du Doubs à Goumois pour se diriger vers l'ouest, on entre sur le plateau de Maîche – Le Russey, perché le plus souvent au-dessus de 800 mètres et encadré d'un côté par la vallée du Doubs, de l'autre par celle du Dessoubre.

Cette portion du haut-Doubs, marquée par une foi vivace, recèle dans plusieurs édifices cultuels ruraux quelques perles de l'art sacré. L'église des Bréseux cache sous un extérieur anodin du XVIIIe siècle, six splendides vitraux réalisés par le maître verrier et artiste peintre Alfred Manessier. Comparés pour leur qualité et la finesse de leur exécution à ceux de la cathédrale de Chartres, ils furent aussi les premiers vitraux de l'art abstrait à entrer dans une église comtoise.

À Cernay-l'Eglise, l'édifice religieux renferme un rare ensemble d'objets mobiliers classés du XVIe siècle, parmi lesquels six statues de saints en pierre polychrome et un retable aux nombreuses figures elles aussi sculptées dans la pierre. À quelques kilomètres au nord-ouest, le village des Terres-de-Chaux possède une église classée datant du XIIe siècle, avec un clocher roman et une toiture de laves. Dans un coffre-fort mis sous surveillance électronique est conservé le crâne de Saint-Léger, mort décapité. On y remarque aussi de beaux éléments, telles la chaire en pierre (XVe siècle), des statues rhénanes en bois polychrome du XVIe siècle mais surtout des fresques qui n'ont été mises à jour qu'en 1997, découvertes dans le chœur lors de travaux de restauration, et que les spécialistes datent du début du XVe siècle. Si les scènes développent le thème de la passion du Christ, d'autres ont été une révélation de taille puisqu'elles figurent le Saint Suaire, confirmant la présence de l'original à Saint-Hippolyte, qui conserva la précieuse relique dans sa Collégiale de 1418 à 1452.

À Sancey-le-Long, terre natale de Sainte Jeanne-Antide Thouret (voir page suivante), la commune a rendu hommage à la fondatrice des Sœurs de la Charité en bâtissant, de 1928 à

1934, la basilique de style néoroman qui porte son nom.

Enfin l'église du Bizot, au sud du Russey, clôt cette boucle. L'église Saint-Léger est considérée comme l'une des plus belles du Doubs, ayant conservé depuis son origine au tout début du XVIe siècle, son toit de laves ainsi que ses trois nefs à six travées de voûtes, dont se dégage une impression de sérénité. À côté de l'église se trouve aussi une rare « Maison de justice de paix », qui rendit pourtant des jugements plus que tranchés sous l'égide des seigneurs de Réaumont, dès 1572. Ces derniers n'hésitaient pas à faire couper un ou deux doigts et parfois la tête, la sentence étant exécutée dans la foulée. Les belles fenêtres à croisées du XVIe siècle de la maison de justice abritent aujourd'hui un café.

Hommage à sainte Jeanne Antide, fondatrice des sœurs de la Charité.

Fresques de l'église des Terres-de-Chaux figurant le Saint Suaire.

NÉE ICI :

Sainte Jeanne-Antide, un destin exceptionnel

Née en 1765 à Sancey-le-Long, Jeanne-Antide Thouret décide très tôt de consacrer sa vie à Dieu. Effectuant son noviciat à Paris, chez les Filles de Saint-Vincent de Paul, elle est contrainte de rentrer au pays pour cause de Révolution. Cachée sous des vêtements civils, elle ne renie pas ses convictions, aidant les prêtres réfractaires tout en soignant les malades et en faisant l'école aux enfants.

Exilée en Suisse, en Bavière et en Autriche, elle rejoint finalement Besançon en 1799 pour y fonder une école gratuite, aidée très vite par d'autres religieuses. Devenue aussi centre d'assistance aux pauvres et aux malades, l'école se transforme en communauté dont sœur Jeanne-Antide rédige les règles en 1802.

L'appellation des *« Sœurs de la Charité de Besançon »* vit officiellement le jour cinq ans plus tard. La dynamique religieuse œuvra toute sa vie à ouvrir des hôpitaux et des écoles dans les régions avoisinantes, mais aussi à Lyon, en Suisse et jusqu'au Royaume de Naples, où se créèrent partout d'autres communautés de sa congrégation. Décédée en 1826, elle fut sanctifiée par Pie XI en 1934. L'ordre des Sœurs de la Charité poursuit aujourd'hui la mission de Sainte Jeanne-Antide dans 25 pays.

L'église du Bizot, splendide édifice du XVIe siècle.

NÉS ICI :

LES PÈRES DE L'ALMANACH VERMOT

Joseph et son fils Maurice Vermot, fondateurs de l'almanach du même nom sont nés au Bizot. La couverture rouge qui deviendra célèbre voit le jour en 1886, grâce à Joseph, associé à un éditeur parisien, après avoir été marchand de draps. Repris par Maurice en 1898, l'almanach Vermot poursuit sa fulgurante réussite, l'amalgame de dictons, phases et couchers de lune, recettes de jardinage ou de cuisine mêlé à l'insolite, au calembour et à la contrepèterie connaissent en effet un immense succès populaire. En 1937, au décès de Maurice, le tirage s'élevait à 800 000 exemplaires. Un succès jamais démenti, le Vermot étant fidèlement en kiosque chaque mois de janvier...

Vestiges d'un château des seigneurs de Réaumont.

Saint-Julien lès Russey, joli bourg qui domine l'une des rives du Dessoubre.

LE CHÂTEAU DE BELVOIR

À quelques kilomètres au nord de Sancey-le-Long, le petit village de Belvoir possède un remarquable château. Cette forteresse médiévale datant du début du XIIIe siècle fut édifiée sur un promontoire dominant le val de Sancey d'un côté et la montagne du Lomont de l'autre à une hauteur de 150 mètres. Ayant plus souffert du laisser-aller des propriétaires successifs que des affres de la guerre, Belvoir est en piteux état jusqu'à son rachat par le peintre Pierre Jouffroy en 1956. Il y mène depuis d'herculéens travaux de restauration, raflant deux prix de la fondation Chefs-d'œuvre en péril.

Le château a désormais retrouvé un éclat incontestable. Une vingtaine de salles sont visitables, restaurées et remeublées. On passe de la salle des gardes à celle de justice, admirablement voûtée. On découvre le cachot, l'arsenal, la salle d'honneur, les bibliothèques, plusieurs salons et chambres meublées de lits à baldaquins et la cuisine avec sa fontaine de cuivre. Un peu partout sont disséminées des toiles du maître des lieux mais aussi plusieurs œuvres d'art, des statues religieuses ou des objets rares telle cette cotte de maille du XIIIe siècle. La chapelle enfin, abrite le cœur de Beatrix de Cusance, née au château en 1614 et qui vécut à la cour de Hollande où le grand Van Dyck peignit son portrait, aujourd'hui au Louvre et au musée Royal de Windsor. Elle devint duchesse de Lorraine par son mariage avec Charles IV, qu'elle aima toute sa vie avant de pouvoir l'épouser en 1663, un mois avant sa mort. Son cœur fut ramené au château de Belvoir en 1969.

Au village, qui compte un petit musée de la radio et du phonographe et conserve quelques belles demeures anciennes, on peut aussi admirer les halles monumentales, très bien conservées, qui accueillaient autrefois de célèbres foires à chevaux…

L'ancienne salle de justice.

Les sires de Belvoir édifièrent le château en surplomb du village au XIIIe siècle.

À Maîche, c'est carnaval...

On rejoint les hauteurs du plateau de Maîche parsemé de fermes à tué (voir chapitre sur le val de Morteau), où les grands pâturages accueillent le cheval comtois (voir page 79) qui l'ont vu naître. Il est aussi émaillé, depuis Plaimbois-du-Miroir au sud, jusqu'à Goumois, au nord, d'une bonne vingtaine de belvédères aménagés sur ses contreforts, d'où le regard s'évade sur les ondulations des collines, plonge dans des eaux tumultueuses ou contemple la ligne bleue des Vosges.

Nichée au milieu des sapins, Maîche connut en son château de Montalembert une rencontre historique entre le général de Gaulle, Winston Churchill et le général Eisenhower, en novembre 1944. Les trois hommes préparèrent, lors de ce 13 novembre, l'offensive de l'Est qui devait libérer le nord Franche-Comté et permettre la reconquête de l'Alsace. Une plaque commémorative rappelle à l'entrée du château, cette entrevue.

L'église datant du XVIIIe siècle est aussi intéressante : outre les ossements de saint Modeste conservés dans une châsse, elle abrite un monumental retable ainsi qu'une chaire en bois sculpté.

Autre époque avec le carnaval de Maîche, créé en 1991 et qui est sans doute le plus réussi dans le Doubs. Foin de Rio, celui de Maîche se prépare néanmoins pendant des semaines, réussissant au final une superbe fête qui dure trois jours et une partie des nuits. Plus de 30 000 visiteurs s'y pressent pour voir défiler un bon millier de personnes costumées que côtoient quelque 700 musiciens. Parade des enfants déguisés le samedi, mais aussi concerts, feux d'artifice, fanfares, dégustation de soupe aux pois : tout le monde est de la fête dans un centre ville coupé à la circulation.

Renom mérité pour le carnaval de Maîche.

Les tourbières de Noël-Cerneux, dont on extrait la tourbe, jadis « charbon du pauvre ».

NÉ ICI :

DIT « LE BOURGUIGNON »

Le peintre Jacques Courtois dit « *Le Bourguignon* » naquit à Saint-Hippolyte en 1621 où il se forma, avant de s'installer à Rome en 1640. Il connut la célébrité avec ses scènes de batailles, dont les tableaux sont aujourd'hui accrochés aux cimaises de grands musées européens, Florence, Berlin et bien sûr Rome, où il s'éteignit en 1676.

De forêts en tourbières

Le plateau de Maîche, où les communes à vocation horlogère sont foison, comme dans le val de Morteau, fait pendant à celui du Russey, un peu plus au sud. Là encore, le sapin domine dans un paysage vallonné tout en contrastes, où alternent pâtures, forêts et tourbières, telles celles du Russey, de Noël-Cerneux et de Cerneux-Monnot. Dans ces terres épargnées par les ans survivent des reliquats de l'époque glaciaire, il y a 15 000 ans. Les trente trois hectares d'étendue marécageuse de Noël-Cerneux abritent plantes carnivores et fourmis de l'Oural. Le sol est constitué de superpositions d'une terre noire et compacte : la tourbe. Autrefois nommée le « *charbon du pauvre* », la tourbe servit de moyen de chauffage pendant des générations. L'extraction, très fatigante, se faisait avec des pelles carrées : on découpait la tourbe mise ensuite à sécher. Dégageant une odeur âcre et une fumée très abondante, la tourbe fut peu à peu abandonnée dans les années cinquante au profit du fuel. Elle figure désormais au menu des jardins et des plantes, ses vertus fertilisantes étant largement reconnues.

Si les tourbières se sont installées dans les plaines marécageuses, les hauteurs du plateau font la part belle aux essences résineuses. Au site des Trois Sapins du Russey, quelques arbres gigantesques et souvent tricentenaire dominent de toute leur masse les sentiers aménagés au cœur de leur parure, tels le « *sapin président* » dont la cime avoisine les cinquante mètres de haut. Les bois de ces forêts sont également très prisés par les luthiers de toute l'Europe, qui y trouvent là des qualités acoustiques exceptionnelles.

LA VALLÉE DU DESSOUBRE

À l'ouest s'étale la superbe vallée du Dessoubre, qui partant de sa source, au cœur du cirque de Consolation, s'étire ensuite sur près de trente-cinq kilomètres jusqu'à Saint-Hippolyte, dans un parcours creusé au creux d'une combe parallèle aux gorges du Doubs. La Roche du

LA PATRIE DU CHEVAL COMTOIS

Coiffé d'une crinière blonde contrastant superbement avec une robe alezane ou baie, variant du brun clair au plus cuivré, le cheval comtois ou encore « *Maîchard* » galope dans les pâtures du haut-Doubs depuis près d'un siècle, du moins selon les critères de la race qui furent établis en 1909. Avant cela, la robustesse du cheval de Maîche avait conquis Napoléon, qui le choisit pour emmener ses « *poilus* » jusqu'aux confins de la Russie. Importé par les Burgondes au Ve siècle, il fut croisé plus tard avec les étalons orientaux espagnols, dont la distinction caractérise encore aujourd'hui le cheval comtois. Ses qualités comme bête de trait ne se démentirent jamais et on l'utilisa comme tel au fil des siècles ainsi que dans les corps d'artillerie ou de cavalerie. Ses effectifs ayant dangereusement diminués avec les guerres, affaibli par trop de croisements, il est menacé de disparition à l'aube du XXe siècle. Son élevage se régularise en 1905 : on croise le « *Maîchard* », à la robe bai et à la crinière noire, moins grand que le comtois d'aujourd'hui avec le petit étalon Ardennais.

Depuis, le comtois a fait du chemin. Sur les neuf races françaises de chevaux de trait, où il se classe premier avec un effectif approchant de treize mille sujets, il est aussi le seul à être qualifié de « *cheval de trait de montagne* ». Il caracole également chez sa voisine bourguignonne, ou encore en Alsace, dans le Massif Central, les Pyrénées et les Alpes et à l'étranger en Espagne, en Belgique, aux Pays-Bas et en Allemagne.

Dans le département, le cheval comtois est de toutes les fêtes équestres durant l'été ; la robe brillante, crinière et queue nattées, il est l'objet d'un « concours spécial » sur sa terre natale, en septembre, où les éleveurs paieront jusqu'à quarante mille francs un étalon dit « d'élite ». De nombreuses épreuves d'attelage permettent aussi d'apprécier l'endurance et l'habileté du comtois dans les travaux de traction, tout comme en forêt, il participe encore parfois au débardage du bois, particulièrement en terrains difficiles d'accès, où son pied extrêmement sûr fait merveille.

Démonstration de débardage à Nancray.

A la fois blond et miel, le comtois est réputé pour ses qualités de cheval de trait.

Prêtre est une halte obligée pour qui veut découvrir le canyon du Dessoubre encadré de collines boisées de sombres sapins et couronnées de corniches calcaires. Aménagé entre Fuans et le Luhier, le nom du belvédère rappelle la chute mortelle d'un religieux de Mont-de-Laval en 1726. La roche surplombe de 350 mètres la spectaculaire reculée, offrant un spectacle de toute beauté sur l'enfilade du Dessoubre, avec en contrebas, le séminaire de Notre-Dame de Consolation niché dans la verdure.

La source du Dessoubre s'échappe d'un contrefort rocheux au cœur du parc de ce monastère, situé à Consolation-Maisonnettes. Provenant du fond du cirque, d'autres sources et cascades jaillissent un peu partout. Celles du Taboureau, du Lançot (impressionnante avec ses 47 mètres de haut) et la source Noire, au débit le plus important, se fondront avec le Dessoubre, formant la rivière naissante un peu plus loin, au pied du séminaire.

Fondé au XVIIe siècle, cet ancien couvent des Minimes comporte une église néo-romane qu'encadrent quatre bâtiments. Dans cette belle chapelle est toujours conservé un superbe mausolée en marbre polychrome, considéré comme l'un des plus beaux de la région.

À l'eau bondissant de toutes les anfractuosités s'ajoute la beauté du parc lui-même, où l'on dénombre 600 plantes différentes, dont certaines espèces rares et protégées. C'est le cas du lys martagon à trente-huit fleurs, de la digitale à grandes fleurs ou de l'aconit napel. Selon les saisons, on apercevra aussi martins-pêcheurs, hérons cendrés, chamois et écureuils… jusqu'au lynx qui s'y glisse quelquefois.

À la pêche jusqu'à Saint-Hippolyte

Le superbe paysage encadrant le Dessoubre ne faillira pas tout au long de la rivière jusqu'à sa jonction avec le Doubs : sapins et feuillus s'accrochant aux falaises, ponctuées de pentes plus douces, avec en bruit de fond le chuchotement de la rivière… L'impression de solitude est grande par ici, due sans doute à l'aspect toujours sauvage des lieux. L'eau si claire du Dessoubre offre quant à elle un décor assez similaire avec celui de la Loue, bordée de prairies puis cachée sous les arbres. Ce n'est sans doute pas un hasard si les pêcheurs aiment venir, ici aussi, taquiner la truite.

Vue à 360° depuis le belvédère des Rochers du Bourbet (Les Bréseux).

Belvédère des rochers du miroir.

Superbe aperçu sur le Dessoubre et le séminaire de Consolation depuis la roche du Prêtre.

C'est particulièrement la portion du Dessoubre après Rosureux qui a assis sa réputation de rivière à truites, les belles prises de plus de trois livres y étant fréquentes. La partie médiane est tout bonnement considérée, par les spécialistes, comme un *« paradis de la pêche à la mouche »*…

Le Dessoubre, tout en méandres, parvient à Saint-Hippolyte, où il rejoint le Doubs. Cette petite ville, située au confluent des deux rivières, joua par le passé un grand rôle défensif, lors des guerres de Religion des XVIe et XVIIe siècles, étant une sorte de frontière entre le nord protestant (Montbéliard et ses environs) et le haut-Doubs catholique au sud. Facile à défendre du fait de sa situation enclavée, au creux de profondes gorges cernées de monts boisés, elle fut dotée de murailles, tours de guet et chemins de ronde qui n'ont pas résisté aux batailles.

De son passé médiéval et d'époque Renaissance, elle a conservé l'ancienne collégiale du XIVe siècle, plusieurs fois remaniée. L'église abrite une vingtaine de tombeaux des plus puissants notables de la cité mais aussi, au-dessus d'un autel de la chapelle, une copie du Saint-Suaire aujourd'hui conservé à Turin, rappelant que Saint-Hippolyte abrita l'original de 1418 à 1452.

Saint-Hippolyte, en bordure du Dessoubre…

… et son ancien couvent des Ursulines.

Au XVIIe siècle, la congrégation des Ursulines y fonda un couvent, et se chargea de former les jeunes filles et jeunes gens de la région. Le bâtiment fut agrandi en 1700, donnant l'imposante construction que l'on voit toujours.

Autour de la collégiale, plusieurs belles maisons à encorbellements, tourelles et fenêtres à meneaux du moyen âge et de la Renaissance démontrent la richesse passée de la ville. À proximité, on peut admirer la bourgade depuis les hauteurs de la grotte de la Roche, qui supporta un ancien château fort aujourd'hui disparu.

Le pays de Montbéliard

Maison rénovée en plein cœur de Montbéliard.

De Mandeure, ville gallo-romaine à Audincourt, ville industrielle

Depuis Goumois, après une large boucle d'une cinquantaine de kilomètres en terre helvète, le Doubs est de nouveau entré en France. Il traverse Montjoie-le-Château, qui a conservé quelques ruines de sa forteresse moyenâgeuse, dont sa chapelle castrale, avant de rallier Saint-Hippolyte (voir chapitre précédent) et de continuer vers le nord où, passé Pont-de-Roide, terre natale du tristement célèbre Jules Bonnot (voir page 86), il entre dans le Pays de Montbéliard.

Le Doubs s'inscrit désormais dans un paysage de plaine, marqué de quelques collines boisées. C'est au pied d'un plateau que domine au loin la chaîne du Lomont que se découvre l'étonnant théâtre antique de Mandeure, autrefois Epomanduodorum, deuxième ville de Séquanie.

Certes, il ne reste que quelques vestiges de l'immense théâtre datant de la fin du Ier siècle, mais leurs dimensions augurent de l'importance de cette grande agglomération d'Epomanduodorum (couvrant les communes de Mathay et Mandeure), qui possédait en outre plusieurs temples, des thermes et un centre urbain. Avec 142 mètres de diamètre, le théâtre pouvait accueillir 12 000 spectateurs sur quatre étages de gradins et constituait l'un des plus grands ensembles de ce type en Gaule.

Jusqu'à Audincourt qui marque les débuts de l'ère urbaine de Montbéliard, les deux villes étant accolées, le Doubs suit déjà des paysages marqués par le XXe siècle : autoroutes, usines et

Mandeure et les vestiges de son théâtre, l'un des plus grands de la Gaule antique.

CAPITALE MONDIALE DE LA PINCE

Montécheroux, à quelques kilomètres de Pont-de-Roide, se signale par son passé de capitale mondiale de la pince, industrie qui alimenta l'économie locale dès 1790. Comme dans le haut-Doubs, les ouvriers étaient pour la plupart des *« paysans horlogers »*, travaillant pour les entreprises d'horlogerie du Val-de-Travers, en Suisse. Ils se spécialisèrent au fil des ans dans d'autres secteurs ayant usage de pinces maillées : bijouterie, chirurgie, cordonnerie etc. En 1860, trois-cent-soixante ouvriers en fabriquaient jusqu'à cent-dix-sept variétés, incluant même une pince à découper les hosties. La concurrence asiatique eut raison de cette prospère production qui atteignait un demi-million de pinces par an en 1950. Une ancienne polisserie, aménagée en musée, rappelle cet illustre passé.

Le musée de la Pince à Montécheroux.

NÉ ICI :

LE CHEF DE LA BANDE À BONNOT

Né à Pont-de-Roide en 1876, Jules Bonnot fut le chef de la bande qui porta son nom et s'illustra par des faits sanglants en 1911 et 1912. Très tôt orphelin de mère, mauvais élève, Jules Bonnot se voit condamné à la même misérable existence que son père ouvrier : il se tourne alors vers l'anarchie. Incitant ses camarades de travail à la lutte, il ne cesse d'être renvoyé. À Genève puis à Lyon, il travaille chez un constructeur d'automobiles. Tout en continuant la propagande anarchiste, c'est là qu'il acquerra son sens diabolique de la conduite, mis à profit quelques années après au service du crime. Sa femme enfuie en Suisse avec son amant et leur fils qu'il ne reverra plus, Bonnot perd son emploi, rejoignant la longue cohorte des chômeurs. Révolté par tant d'injustices, mais au demeurant *« violent, méchant et bagarreur »*, il sera en 1910 chauffeur à Londres, de sir Arthur Conan Doyle, père de Sherlock Holmes.

Après s'être essayé au cambriolage et au maquillage de voitures volées, il est le premier en France à introduire l'automobile dans les hold-up, faisant aussi glisser la cause anarchiste vers le grand banditisme. Les débuts de la bande à Bonnot, constituée de six membres, commenceront en 1911 à Paris et dans sa banlieue. Attaques de banques puis d'armureries

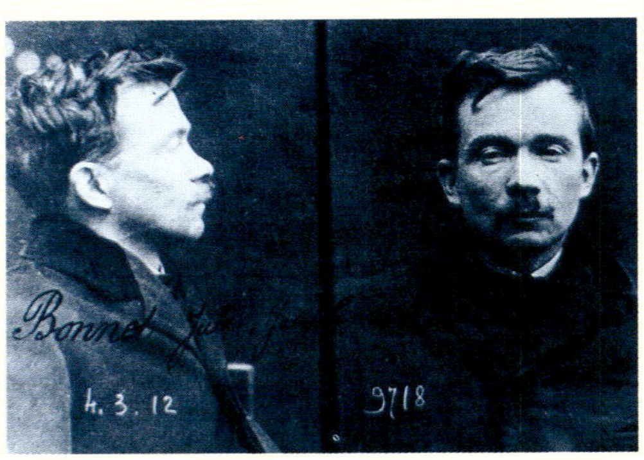

se soldent immanquablement par l'assassinat d'employés et de policiers. Deux personnes sont détroussées puis tuées en forêt de Sénart. La psychose s'empare de l'opinion, les journaux ne cessent de parler des *« bandits en auto »*, on interpelle le Gouvernement. Bonnot sera finalement localisé à Choisy-le-Roi le 28 avril 1912. Retranché dans une maison qu'assiègent quatre cents policiers, le chef de la bande à Bonnot sera retrouvé criblé de balles, couché sous un matelas. Il mourra de ses blessures peu après.

banlieues. Guère plaisantes à l'œil, elles sont pourtant le symbole de ce qui fait la notoriété de ce pays : celle d'une région industrielle.

Audincourt est à ce titre un bel exemple, puisque la cité assied sa réputation avec des forges, installées au bord du Doubs en 1616, en raison de la présence de minerai de fer. Avec les forêts proches nécessaires pour faire le charbon de bois, les forges ne cessèrent de prospérer, leur renommée drainant sur place des milliers d'ouvriers. L'entreprise devint la plus importante du pays de Montbéliard au début du XXe siècle, jusqu'à son déclin, dû à la fermeture du département sidérurgie en 1968, avant de cesser totalement sa production en 1971.

D'autres secteurs d'activités s'y développèrent parallèlement : une filature de coton en 1819, fondée par un membre de la famille Peugeot, mais qui connaîtra le renom grâce à la firme Japy. En 1897, Armand Peugeot n'allait pas tarder à faire connaître son nom, et pour longtemps, en créant à Audincourt sa première usine appelée *« Les Autos »*... (voir page 96).

Audincourt s'anime depuis quelques années au mois de septembre d'une fête, La Campagne à la ville, qui outre des expositions d'artisans comtois, propose une spécialité culinaire récente qui fait depuis des émules : la *« croque-rave »*. Cette tourte salée fabriquée par la plupart des boulangers de la ville, est faite à base de rave râpée, mijotée dans un fumet de morilles, auquel on adjoint filets de poulet, jambon de pays et marc du Jura.

En octobre enfin, son festival de la Bande Dessinée est devenu l'un des plus importants en France, accueillant des auteurs réputés.

Montbéliard, principauté alémanique

Seconde ville du département après Besançon, Montbéliard est dominée par les tours à poivrières massives de son château, qui symbolise presque à lui seul l'histoire de ce pays décidément à part en terre comtoise. Car, si l'on cite déjà dans les textes *« Mons Beliardae »* en 985, si Montbéliard passe aux mains des sires de Mousson puis de Montfaucon (XIe au XIVe siècles), il faut attendre le XVe siècle pour que le destin de la cité bascule.

En effet, par son union avec le prince Eberhard IV de Wurtemberg en 1407, Henriette d'Orbe, héritière du comté de Montfaucon-Montbéliard, apporte sa cité en dot au

"La campagne à la ville", manifestation à Audincourt.

L'ÉGLISE DU SACRÉ-CŒUR À AUDINCOURT

Autre époque avec l'église du Sacré-Cœur, consacrée en 1951, qui figure comme un haut lieu de l'art sacré du XXe siècle, de par la qualité de ses vitraux. Sa construction tardive s'inscrit dans l'histoire du pays de Montbéliard, enclave protestante durant des siècles. Avec l'avènement de l'ère industrielle du début du siècle arrivèrent aussi des milliers de familles catholiques, venues travailler aux Forges, aux filatures Japy ou aux « *Autos* » Peugeot.

Une première église fut bâtie dans le quartier des forges en 1933, puis, de 1949 à 1951, s'édifia celle du Sacré-Cœur, avec l'aide de deux cents habitants qui se mobilisèrent sans compter sous la houlette de Louis Prenel, curé du quartier. L'architecte Novarina a voulu pour cet édifice moderne, résolument avant-gardiste, un style épuré, illuminé par dix-sept vitraux dus à Fernand Léger dans la nef et le chœur. Jean Bazaine a réalisé une mosaïque aux teintes vives au-dessus du péristyle d'entrée et d'autres vitraux dans le baptistère où dominent le jaune et le violet, tandis que Jean Le Moal a exécuté ceux de la crypte. La tapisserie derrière l'autel de marbre est également l'œuvre de Fernand Léger et traite de l'eucharistie, dans des tons neutres invitant au recueillement.

...première dans les vitraux où ne figurent pas de scènes bibliques.

Le bâtiment contemporain du District Urbain du Pays de Montbéliard.

Wurtemberg et par là même au saint empire germanique. Le règne des Wurtemberg allait dès lors durer près de quatre siècles, malgré les efforts consentis par Charles le Téméraire puis Louis XIV pour tenter de reprendre le comté. Il fallut attendre 1793 pour que le pays de Montbéliard fût rattaché à la jeune République française.

Il est possible aujourd'hui de retrouver les limites de l'ancienne Principauté, par les bornes jouxtant un territoire qui s'étendait sur 530 km². Datant du XVe au XVIIIe siècle, gravées aux armes des archiducs d'Autriche, des ducs de Mazarin et de bien d'autres, elles sont trois cent quinze à être sorties des ronciers ou d'amas de mousse pour délimiter comme jadis les 160 kilomètres de l'ancien fief francophone des Wurtemberg.

Marquée dans son architecture par l'influence alémanique, Montbéliard se distingua aussi de ses voisins ultra catholiques par son attachement à la Réforme, introduite en 1524 et qui allait devenir religion d'Etat de la Principauté au milieu du XVIe siècle.

Si cette enclave protestante s'accroît du domaine des Quatre Terres (les seigneuries de Blamont, Châtelot, Clémont et Héricourt) en 1561, c'est sans conteste sous le règne du prince Frédéric Ier (1581-1608) qu'elle connaîtra son âge d'or. Avec l'arrivée massive des huguenots fuyant les régions hostiles au culte réformé, le prince décide de faire remodeler la cité. Il fait appel à Heinrich Schickhardt, à la fois architecte, urbaniste mais aussi ingénieur, venu de Herrenberg, en Souabe. Au long des treize années passées à Montbéliard (1595-1608), Schickhardt, nommé superintendant des bâtiments de la cité, y réalisera le principal de son œuvre, avec une réussite telle qu'il fut surnommé le *« Léonard de Vinci Souabe »*.

Outre le pont-levis à lourdes chaînes adjoint au château, le premier édifice que conçut Schickhardt est le Logis des Gentilshommes (ou maison du Bailly), qui se trouve sur l'esplanade. Elevé de 1595 à 1597, son haut toit à fenêtres superposées et sa façade ornée de pignons à volutes sont typiques de la Renaissance souabe.

Style néo-renaissance pour l'église Saint-Maimbœuf, dominant la rivière de l'Allan.

Du château bâti aux XVe et XVIe siècles sur une longue arête rocheuse très escarpée ne subsistent que les tours coiffées de lanternons. La plus grosse, à droite, dite *« tour Henriette »* fut édifiée au XVe siècle et servait de prison dans ses deux étages inférieurs tandis qu'au-dessus étaient aménagées une bibliothèque et une chapelle. À gauche, la *« tour Neuve »*, plus communément appelée *« tour Frédéric »*, date de 1590. Résidence des Wurtemberg, le château connut bien des dommages. Les tours furent restaurées mais on rasa le reste du château ancien au XVIIIe siècle pour construire un corps de logis classique, dont le portail s'orne d'un décor rocaille en grès rose.

Ces bâtiments abritent le musée du Château qui, outre des expositions temporaires, présente des collections d'archéologie ou d'autres plus récentes consacrées à l'émaillerie, l'horlogerie ou l'outillage local. L'art contemporain y occupe une large place, notamment avec l'œuvre de Jean Messagier, qui signe par ailleurs la belle grille en fer forgé fermant le porche conduisant à la tour Henriette. Le muséum Cuvier enfin, consacré aux sciences naturelles et à la paléontologie rend un hommage justifié à l'un de nos plus grands hommes de science (voir page 92) et devrait prochainement se développer davantage.

Symbole de Montbéliard, le château fut résidence des Wurtemberg.

OU COMMENT LE CHÂTEAU DE MONTBÉLIARD FAILLIT DEVENIR PROPRIÉTÉ D'UN ILLUSTRE ÉCRIVAIN...

Pour l'anecdote, S.A.S Charles-Eugène, neveu de Frédéric II, roi de Prusse, n'ayant pas eu l'heur de se plaire à Montbéliard, se retrouva fort endetté par la construction de sa résidence d'Etupes et son train de vie princier. Contacté par François-Marie Arouet, plus connu sous le pseudonyme de Voltaire, alors très en vogue auprès du roi de Prusse, Charles-Eugène accepta d'hypothéquer le château de Montbéliard pour une somme de 300 000 livres, remboursable à hauteur de 12 % par année.

Mal lui en prit car Voltaire, déjà âgé au moment de la transaction, avait encore devant lui de longues années à vivre. Il réclama son dû avec opiniâtreté pendant vingt-cinq ans ! Criblé de dettes, le duc de Wurtemberg, acculé par le Parlement de Besançon qui mit sous saisie les revenus engendrés par les terres de la Principauté, proposa finalement à Voltaire de bien vouloir annuler la créance en échange du château de Montbéliard. Le grand écrivain se montra perplexe comme en témoignent les lignes suivantes, adressées à son homme d'affaires en 1764 :

« M. le duc de Wurtemberg a la bonté de m'accorder le château de Montbéliard ; je pourrois y passer les hivers avec tout mon train ; mais j'ai bien peur de trouver des neiges partout. Je voudrois savoir ce que c'est que ce Montbéliard ?... »

Mais le conseil de Stuttgart trancha l'affaire avant que Voltaire eut prit une décision, lui réglant la somme colossale de 1 million 800 000 livres !

Pignons à volutes pour la maison du Bailly, œuvre de Schickhardt.

Sur la place Saint-Martin

Non loin de la rue du Château, la place Saint-Martin est le cœur de la cité ancienne où se déroulent les principales manifestations, dont les Lumières de Noël, qui rythment dans une féerie de décors scintillants le mois de décembre. Métiers d'art, stands couverts, défilés et spectacles forment une parade digne des grands fêtes d'outre-Rhin.

C'est là aussi que sont rassemblés quelques-uns des plus beaux monuments de la ville, avec comme figure emblématique de Montbéliard, le temple qui a donné son nom a la place. Erigé de 1601 à 1607 par Schickhardt sur ordre de Frédéric Ier, le temple Saint-Martin est le plus ancien monument protestant existant en France. S'inspirant de Vitruve pour les proportions de l'édifice, Schickhardt édifia un bâtiment rectangulaire d'une longueur égale à deux fois la largeur, lui donnant ainsi des mensurations idéales.

La décoration extérieure est empreinte de la Renaissance italienne que Schickhardt venait de découvrir, et dont il orna tout le tour du bâtiment, ponctuant les façades de pilastres d'ordre toscan, alternant fenêtres à frontons triangulaires et cintrés. L'intérieur est à l'inverse d'un sobre dépouillement, où la décoration n'y a nulle place. On remarquera le plafond constitué de quarante-cinq caissons, orné en son centre d'une peinture représentant *« Le bon pasteur »* et les grandes orgues du XVIIIe siècle récemment restaurées dont les teintes bleu pâle et or apportent une note de couleur à cet ensemble austère.

En face du temple, l'hôtel de ville en grès rose des Vosges de style néo-classique fut édifié de 1776 à 1778 ; sa façade s'orne d'une grille de balcon en fer forgé de Jean-Baptiste Pertois tandis qu'une fresque de Jules-Emile Zingg occupe le hall. Devant le bâtiment trône la statue en bronze de Georges Cuvier, né à deux pas de là, au n° 22 de la rue qui porte son nom.

La maison Forstner, dite maison des Princes, occupe l'un des côtés de la place. Edifiée au XVIe siècle, sans doute vers 1580, elle ne serait donc pas l'œuvre de Schickhardt à qui on l'attribua un temps. Sa façade typique de la Renaissance italienne est constituée de trois étages où les fenêtres s'ornent d'une superposition de colonnettes cannelées d'ordres ionique, corinthien et composite. Au rez-de-chaussée surmonté d'une frise finement sculptée, des colonnes doubles mêlant ordres doriques et corinthiens encadrent la porte d'entrée.

Œuvre de l'architecte Philippe de La Guêpière, l'hôtel Beurnier-Rossel fut érigé en 1773. Avec son corps de logis percé de douze fenêtres avec balcons, bordé à l'arrière par un jardin et des bâtiments de service, il dénote par cette disposition d'une influence alémanique. Il abrite un musée d'Art et d'Histoire, qui présente notamment des joyaux de l'orfèvrerie luthérienne, mais aussi des pièces de l'art traditionnel montbéliardais, telle une collection de bonnets à « *diairi* », ces coiffes féminines locales du XIXe siècle. Dans les salons du XVIIIe siècle aux boiseries et peintures en parfait état, les meubles

A Montbéliard, le marché de Noël inspiré des fêtes d'outre-Rhin et les lumières de Noël.

marquetés de l'ébéniste Nicolas Couleru y ont une large place. Sous les toits, une salle est consacrée aux boîtes à musique fabriquées par la société l'Epée à Sainte-Suzanne.

L'hôtel de Sponeck, bel édifice de 1715, situé à l'angle, est désormais le siège du Centre d'Art et de Plaisanterie, à qui Montbéliard doit des fêtes renommées dont le Réveillon des Boulons ou Les Machines Rient...

Des halles à la Neuveville

À l'origine en bois, les halles représentent l'un des édifices majeurs de la cité des Princes. Reconstruites en pierre à partir de 1536, elles sont constituées de trois longues ailes ponctuées

La statue de Georges Cuvier faisant face au temple Saint-Martin.

NÉ ICI :

Georges Cuvier,

père de la paléontologie

Né à Montbéliard en 1769 dans une famille de la bourgeoisie protestante, Georges Cuvier fait ses études à Stuttgart. En 1796, il entre comme suppléant au Muséum d'histoire naturelle à Paris, où il est chargé du cours d'anatomie comparée. Il y entame une carrière fulgurante et brillantissime. À trente et un ans, il est devenu professeur au Muséum, mais aussi secrétaire perpétuel de l'Académie des Sciences et professeur au Collège de France, détenteur de la chaire d'histoire naturelle. Sa renommée scientifique est déjà immense.

En 1808, ce chercheur infatigable est nommé directeur du muséum et ne cessera d'accumuler les responsabilités, grâce à une mémoire prodigieuse alliée à un sens de l'organisation phénoménal. Il s'éteignit à Paris en 1832, couvert d'honneurs : grand officier de la Légion d'Honneur, baron et Pair de France, président de l'Institut, inspecteur général de l'Instruction publique, conseiller à vie de l'Université, conseiller d'État, il fut aussi membre de l'Académie française et des académies scientifiques du monde entier. A l'origine de la biologie moderne, cet homme exceptionnel reste dans l'histoire des sciences comme l'un des pères de l'anatomie comparée et comme le fondateur de la paléontologie.

Architecture d'inspiration germanique aux halles de Montbéliard.

L'étonnante fontaine Galilée, dans le parc du Près-la-Rose.

Page de droite : une « yorbe », tour ronde typique du pays de Montbéliard.

d'arcades, la dernière ayant été achevée de 1624 à 1628, qui donnent sur une cour où se tenait jadis le marché. Au premier étage, intact, les halles abritaient le conseil de Régence tandis que le rez-de-chaussée servait d'entrepôt à grains mais aussi de douane. Ses fenêtres à meneaux réparties régulièrement sur tout le pourtour de l'édifice, sa haute toiture percée de chiens assis que surmonte un clocheton, rappellent indéniablement les édifices germaniques.

Avec le temple Saint-Martin se trouve à deux pas des halles l'autre symbole du Montbéliard protestant : la *« pierre à poissons »*. C'est sur cette large dalle qui servait de criée à poissons les jours de marché, que Guillaume Farel, célèbre prédicateur de la Réforme, aurait harangué la foule pour la première fois en 1524, annonçant la religion nouvelle.

Le quartier de la Neuveville, à l'ouest de celui des halles, fut agencé par Schickhardt au XVIe siècle pour y accueillir les réfugiés protestants. Il y édifia l'Académie dont seule une partie de l'aile nord a subsisté. En 1674 débuta la construction du temple Saint-Georges, celui de la place Saint-Martin ne suffisant plus à contenir les fidèles. Les travaux furent stoppés lors de la conquête française et ne furent totalement terminés qu'en 1739. Son plan simple, constitué d'une grande salle achevée par un chevet polygonal est représentatif des temples couramment bâtis au XVIIe siècle et constitue l'un des seuls exemples de ce type conservés en France.

Le contraste avec l'exubérante église néo-renaissance Saint-Maimbœuf qui côtoie Saint-Georges est saisissant. Faute d'argent, les travaux, débutés en 1850, ne s'achevèrent que trente ans plus tard. Décidée par le cardinal Mathieu, archevêque de Besançon, l'édification de Saint-Maimbœuf est aussi symbolique, se voulant une revanche sur les édifices protestants de la cité. Volontairement élevée sur un tertre pour dominer le temple Saint-Georges, elle rassemble, tant extérieurement qu'intérieurement, tout le vocabulaire décoratif de la Renaissance, déployant un volume théâtral qui lui donne une allure grandiose. Il aura fallu trois architectes pour édifier ce monument, qui ne fut pourtant pas achevé : lui font défaut une partie de la tour sud, le dôme de la croisée du transept et le chevet, tandis que sur sa façade ornée de riches sculptures, les niches destinées aux statues sont restées vides.

De la couleur au Près-la-Rose

Le passé à consonance germanique de Montbéliard se découvre aussi dans les façades colorées de ses maisons, à l'image de celles des bourgades rhénanes. Une tradition qui commença au XVIe siècle et perdura jusqu'au siècle suivant où les couleurs vives habillèrent murs, portes et jusqu'aux balcons. Au sang de bœuf utilisé jadis pour le haut des maisons, qui préservait le bois des parasites a fait place d'autres procédés, mais le principe est resté. Depuis 1987, on rénove en effet tout le centre ancien pour redonner aux façades leur aspect d'antan. Un panel de soixante-dix-sept coloris est disponible d'après sept teintes de base, que les propriétaires choisissent avec l'atelier du Patrimoine.

Une recoloration qui met aussi en valeur d'autres particularismes de l'ancienne Principauté, telles les *« yorbes »*, ces tours accolées à une quarantaine de maisons, desservant par leur escalier intérieur deux corps de logis. L'une des plus belles yorbes se trouve à l'hôtel de Franquemont, un plaisant édifice de 1559 tout empreint de Renaissance italienne, situé dans la plus vieille rue de la ville, celle de Belfort, qui a été entièrement rénovée.

Au confluent de la Lizaine et de l'Allan, Montbéliard se trouve aussi sur le canal du Rhône au Rhin. C'est entre les deux qu'est aménagé le Près-la-Rose, un parc scientifique et technique couvrant dix hectares et constitué d'espaces verts. Avec son immense labyrinthe végétal, son mur d'escalade ou sa méga-rampe destinée aux amateurs de skate-board, il est un lieu de promenade incontournable à Montbéliard. Plus qu'un simple parc, il accueille en outre l'Espace Galilée, qui consacre régulièrement des expositions à la science. Des sculptures émaillent les allées bordées de peupliers centenaires, telle la fontaine Galilée, une sphère flottante atteignant la tonne ou encore le Vaisseau d'Archipel, dont les quarante mètres de hauteur en font le plus grand cadran solaire du monde.

PEUGEOT : HISTOIRE D'UNE DYNASTIE

Si la longue histoire des Peugeot « *industriels* » débute très tôt, avec une meunerie implantée à Hérimoncourt en 1725, c'est au début du XIXe siècle que Peugeot se tournera davantage vers la métallurgie, avec la fabrication de lames de scies. Avec « *Les Fils de Peugeot Frères* », la société se spécialisera dans les crinolines, élargissant son territoire à Valentigney où se bâtit l'usine de Terre-Blanche en 1833. La production s'étend rapidement aux objets les plus divers, des moulins à café en passant par les pince-nez ou les baleines de parapluie.

C'est avec Armand (1849-1915) que l'entreprise s'orientera vers de nouveaux secteurs d'activités. Déjà à l'origine de la fabrication de bicyclettes par la société, cet inventeur considéré comme un doux dingue par la famille, se passionne très vite pour les « *voitures sans chevaux* ». Après un premier tricycle à vapeur, le « *Serpollet-Peugeot* » présenté à l'exposition universelle de 1889, il dote un quadricycle d'un moteur à gazoline Daimler l'année suivante, fabriqué à Valentigney. Bien que produisant 90 véhicules en 1896, Armand se brouille avec la famille et crée sa propre entreprise (« *Les Autos* ») à Audincourt suivie d'une seconde à Lille (la « *société Automobiles Peugeot* »). L'épopée de la firme ne faisait que commencer…

Sochaux ou le pays de Peugeot

Si la particularité d'enclave protestante a donné une place à part au pays de Montbéliard dans l'histoire franc-comtoise, il en est de même aujourd'hui dans un tout autre domaine : celui de l'industrie. Une vocation née très tôt, puisque les forges d'Audincourt (voir plus haut) ont vu le jour au XVIIe siècle ; l'éclosion de fonderies, d'industries textiles et horlogères se poursuivront au siècle suivant avant que le XIXe siècle apporte dans son berceau deux familles qui allaient donner à l'ensemble du pays de Montbéliard un formidable essor économique : les Japy et Peugeot (voir ci-contre). Si la première ne résista pas à la crise financière des années 30, la seconde, après les aciéries, se tourna vers l'invention qui allait changer l'avenir : l'automobile.

La griffe des Wurtemberg a marqué le passé du pays de Montbéliard, tout comme celle du lion de Peugeot lui est de nos jours indissociable. C'est à Sochaux, dont la surface semble toujours s'étendre, que l'on pourra découvrir la plus importante usine du groupe mais aussi le centre de production le plus moderne d'Europe, qui emploie plus de 18 000 personnes. La visite permet d'assister aux différentes étapes de fabrication, particulièrement des 406 et 607, et de la dernière-née, la 307.

Implanté dans une ancienne brasserie, le musée de l'Aventure Peugeot raconte quant à lui l'épopée de la marque qui débuta en 1890 avec un quadricycle à gazoline frais sorti des usines de Valentigney. Toute la production de la firme y est rassemblée dans un décor agencé selon l'époque, comprenant quatre-vingt véhicules, du vis-à-vis de 1891, en passant par la 201 de 1929, la première d'une longue série de voitures à trois chiffres frappés du zéro central.

Aux élégants modèles d'avant-guerre, telle la 302 de 1936 s'ajoutent les bolides plus récents, champions du monde des rallyes, vainqueurs du Paris-Dakar et de tant d'autres courses : 205 et 405 turbo 16, 306 maxi, 206 WRC, 406 super tourisme qui voisinent avec les mythiques F1 et les prototypes aux lignes futuristes… Mais le musée ne se résume pas qu'à ses voitures, bien qu'un espace soit en outre réservé à la simulation de conduite ; y figurent en bonne place près de deux cents motos, scooters et bicyclettes pliantes ainsi qu'une collection de moulins à cafés et d'outillage qui figurent les débuts de la saga Peugeot. On y remarque l'emblème de la firme, ce lion qui était déjà gravé sur l'acier des scies Peugeot, en 1847, choisi comme un présage pour sa symbolique de force et de puissance.

Chaîne de fabrication de la 307 : montage des roues et sortie de chaîne.

Le musée Peugeot : toute l'histoire de la marque depuis 1891.

Le temps du foot

Si le FC Sochaux-Montbéliard est bien connu de tous les amateurs de ballon rond dans l'hexagone, on sait moins que c'est encore grâce à un membre de la famille Peugeot qu'est née cette équipe de haut niveau. Jean-Pierre, troisième du nom, qui vient de sauver son entreprise d'une bien mauvaise passe, avec le lancement de la 201 en 1929, a aussi créé, l'année précédente, le FC Sochaux. On lui doit en outre un profond bouleversement du sport national français, puisqu'il est à l'origine du football professionnel. Il est en effet le premier à payer ses joueurs avant de créer en 1930-1931, la coupe Peugeot, qui donnera naissance au championnat de France professionnel, deux ans plus tard. L'équipe sochalienne, devenue le FC Sochaux-Montbéliard après sa fusion avec l'Association sportive de la ville en 1930 est déjà une grande équipe, raflant les championnats de 1934-1935 et 1936-1937.

Si l'on fait appel, avant-guerre, au recrutement prestigieux, les lendemains de la Libération orienteront le club vers un particularisme qui lui restera longtemps attaché : celui d'un club d'entreprise, étroitement lié à Peugeot, y compris par le stade, qui appartient à la firme automobile. Dès lors, le FCSM abandonne la politique de transferts coûteux ou d'embauche de vedettes.

En 1949 se créée la section des Lionceaux, pratiquant avant l'heure une catégorie *« espoirs »*, constituée de jeunes joueurs venus des quatre coins de l'hexagone, espérant devenir professionnels. Les Lionceaux engendreront de grands footballeurs tels Quittet, Biancheri, Bosquet, Faivre ou Soler. Dans cette continuité d'esprit, 1974 verra la création par le FCSM de l'un des tout premiers centres de formation en France.

Depuis soixante treize ans, les *« jaunes et bleus »* ont connu un classement riche en rebondissements, naviguant entre gloire et désespoir, remportant les titres de champions de France en D1 et en D2. À leur palmarès figurent cinq demi-finales et plusieurs finales en coupe de France (58-59 ; 66-67 ; 87-88), mais aussi une place de demi-finaliste en coupe de la Ligue lors de la saison 98-99. À cinq reprises, les sochaliens ont participé à la coupe de l'UEFA, échouant en demi-finale face aux néerlandais en 1981.

Par sa victoire contre Nîmes en mai 2001, le FCSM entre de nouveau sur la grande scène de la première division pour la prochaine saison.

Les temples de la vallée du Rupt

À deux pas de Montbéliard, le beau panorama qu'offrent les 427 mètres du Mont Bart sur Montbéliard et la trouée de Belfort, la vallée du Doubs, les rivières l'Allan et le Rupt, n'est pas son seul intérêt. Le fort semi-enterré qui le couronne, édifié de 1873 à 1877, avec sa rue de casernement couverte et sa casemate entièrement blindée (la première en France et l'une des seules conservées) est un exemple typique de l'architecture militaire dite *« Séré de Rivières »*, du nom de son concepteur, le général de Rivières.

Par ce type de construction, la France avait trouvé une solution au tout nouveau canon rayé, dont la précision et la portée de tir étaient sans précédent. La République avait en outre tiré les enseignements du siège de Belfort en 1870, renforçant par le fort du mont Bart sa ligne de défense, depuis Belfort jusqu'au Lomont. L'obus torpille de 1885 puis le canon de 75 en 1897 mirent bas l'efficacité de ce type de défense.

Le mont Bart est en outre un site préhistorique. À Bavans furent retrouvés au lieu-dit *« abris sous roches »* des traces de l'homme ayant occupé le site pendant dix millénaires mais aussi des vestiges des Romains, Burgondes, Francs et Gaulois, grâce à plusieurs objets mis à jour dans deux nécropoles.

Le mont Bart est également le sommet de la vallée du Rupt, un havre de nature encore intacte et de tranquillité qui offre aux habitants de Montbéliard et des environs une bouffée d'oxygène.

Le Rupt, affluent de l'Allan est davantage un ruisseau qu'une rivière. Blottis le long de son cours, les villages qui le bordent sont nichés dans la verdure, qu'un réseau de cent-cinquante kilomètres de sentiers balisés permet de sillonner. Les étangs des Princes (entre Raynans et Echenoz), créés au Moyen Âge pour alimenter un moulin, sont le refuge d'une faune variée, colverts, grèbes et hérons tandis qu'une partie du plan d'eau est le domaine consacré des pêcheurs.

Lougres et son typique clocher comtois.

Plusieurs villages se signalent par quelques beaux éléments d'architecture, telle la fontaine lavoir à colonnes de Saint-Julien ou le typique clocher comtois de Lougres, dont la couverture de losanges verts et jaunes est du plus bel effet.

Mais ce sont les temples de la vallée du Rupt qui donnent à ce coin paisible l'une de ses richesses. Car Montbéliard n'a pas été le seul *« fief »* de la culture protestante, même si ses édifices affectés au culte réformé sont davantage connus.

C'est ainsi qu'à Désandans, Aibre, Sainte-Marie, Saint-Julien, Allondans et Présentevillers, six temples furent construits de 1724 à 1852, avec tout le sobre dépouillement voulu par les communautés chrétiennes réformées. Endommagés par les ans et le manque de finances, les édifices périclitent dangereusement jusqu'à la création, en 1992, de l'association des Amis de temples. À leur actif aujourd'hui, leur pari réussi de restaurer ces monuments (nouveau clocher comtois en tuiles vernissées à Aibre, toiture de grès rouge pour Saint-Julien etc.) et de les animer, grâce à des récitals et concerts, qui amènent dans ces sites consacrés autrefois au seul culte protestant une autre musique…

LE STADE BONAL

À grande équipe, stade à l'avenant. La réfection totale de Bonal, illustre stade de Sochaux fut décidée en 1997. Pour un coût total de cent-quatorze millions de francs hors taxes, les jaunes et bleus peuvent recevoir leurs adversaires, depuis juillet 2000, dans un complexe doté des normes exigées par la FIFA. Sa capacité d'accueil de vingt-mille places assises répond en outre aux capacités requises en première division.

Sa configuration en arène évite les coins morts aux spectateurs, qui peuvent par ailleurs admirer les joueurs sans grillage de sécurité, compensé par un système de vidéo surveillance dernier cri.

L'originalité de Bonal repose aussi sur sa pelouse semi-synthétique chauffée, grâce à quarante kilomètres de câbles enterrés, qui lui assure un terrain hors-gel même par des températures négatives. Enfin, sa charpente réalisée en bois d'épicéa du haut-Jura, dont les qualités de résistance sont supérieures à l'acier, est unique en France pour un stade de cette dimension.

Festivités lors du match d'inauguration du nouveau stade Bonal.

LA SAUCISSE DE MONTBÉLIARD

Autre célébrité des fumés comtois, la saucisse de Montbéliard ou « *boitchu* », est proche cousine de celle de Morteau. Plus petite et moins dodue, sa chair rosée et fondante est fabriquée avec de la viande maigre de porcs engraissés en Franche-Comté et hachés gros.

Seuls les conservateurs naturels sont admis, tandis qu'aromates, poivre, ail, muscade ou coriandre sont utilisés à façon, selon le savoir-faire du fabricant, tout comme le cumin, saveur dominante d'une saucisse de Montbéliard, qui lui donne son goût inimitable. Fumée lentement à la sciure de résineux, elle acquiert une belle teinte ambrée.

Depuis 1977, la Confrérie des compagnons du boitchu (du nom d'un outil de charcutier) veille à défendre et à relancer la saucisse de Montbéliard, protégée par un label régional amené à disparaître en 2002.

Saucisses de Montbéliard mises au fumoir.

Les artisans charcutiers ont créé la confrérie du « Boitchu », *autre nom de cette spécialité du pays.*

De Baume-les-Dames *en* vallée de l'Ognon

L'Isle-sur-le-Doubs, dont une partie est installée sur une île enserrée par le Doubs, à l'origine de son nom.

Le Doubs, qui a évité Montbéliard, a néanmoins rencontré le canal du Rhône au Rhin. Son cours devient plus ample, s'ouvrant à la navigation, par exemple sous forme de croisière au départ de Montbéliard pour rallier Besançon, puis Dole, dans le Jura.

À hauteur de L'Isle-sur-le-Doubs, la rivière enserre plusieurs îles, dont la plus importante, longue de 600 mètres, a donné naissance au nom de la commune. Les habitants s'y installèrent de même que sur les deux rives, à droite la « *Rue* », à gauche le « *Magny* », faisant de l'Isle-sur-le-Doubs une ville en trois parties.

Au creux de la cluse où le Doubs coupe la chaîne du Lomont s'est implanté Clerval, adossé à des coteaux boisés entre la montagne de Montfort et la Côte d'Armont. Des vestiges de maisons romaines y ont été retrouvées, de même que des sépultures barbares et du mobilier du haut moyen âge, attestant d'une implantation humaine dans des temps reculés. Il reste aussi quelques ruines de la forteresse de Montfort, datant sans doute du VIIIe siècle, et qui dominait la cluse de 250 mètres.

Clerval fut ensuite fortifié sur la rive gauche du Doubs par un château édifié au XIIIe siècle et protégé par plusieurs fortifications. Abîmé par les guerres et un abandon partiel, il a été restauré et abrite le musée des Armes et du souvenir. Le bourg a conservé quelques belles maisons du XVIe siècle et dans son église fin XVIIIe un riche mobilier, dont les autels, chaire et retables du même siècle ainsi qu'une statue reliquaire de saint Ermenfroy datant du XVe siècle.

Le Doubs promène désormais son cours dans un paysage plus ouvert, bordé de collines et de pâturages. Rejoint par le Cusancin au nord de Baume-les-Dames, il s'épanouit dans un décor de collines, qui s'étagent autour de la ville à cinq reprises. La commune doit son nom à l'une des grottes (« *baume* », d'origine celtique) qui truffent les environs.

Les nonnes de Baume-les-Dames

Mais c'est l'abbaye, sans doute fondée au VIIe siècle par des religieuses bénédictines, qui donna son nom primitif à la cité : Baume-les-Nonnes, mais aussi sa notoriété. L'une des légendes concernant sainte Odile (v.660 – v.720) raconte qu'elle aurait été recueillie par l'abbesse

Clerval, ancien village fortifié.

Le splendide sépulcre de la chapelle du même nom, à Baume-les-Dames.

de Baume, confiée par sa mère, épouse du duc alsacien Adalric, qui avait renié l'enfant aveugle de naissance. C'est au moment de son baptême par l'évêque Erhard que le bébé aurait miraculeusement recouvré la vue…

Déjà évoquée dans un texte de 819, le renom de l'abbaye ne cesse de croître. Au XVIIIe siècle, les nonnes n'acceptent plus comme futures recrues que des jeunes filles présentant seize quartiers de noblesse !

Dotée de remparts au XIVe siècle (la plupart disparus), Baume-les-Dames fut chef lieu d'une vicomté puis d'un bailliage et résista à de multiples invasions, hormis à celle des Suédois de Saxe Weimar en 1637. Le centre ancien de cette cité séculaire a conservé quelques restes de son riche passé.

L'abbaye fut par deux fois reconstruite, au milieu de l'enceinte du couvent, la dernière remontant à 1738. Connue sous le nom *« d'abbaye inachevée »*, elle aurait dû surpasser tous les édifices religieux de la région, tant par ses dimensions que par sa somptueuse décoration. Par manque de moyens, la construction s'arrêta en 1760 : seuls sont sortis de terre l'abside, une partie de travée de la nef et le transept surmonté d'une coupole de vingt-neuf mètres. De superbes colonnes en marbre rose et blanc ornaient les autels mais furent saisies en 1808 pour décorer la chapelle de l'Impératrice aux Tuileries.

Autre édifice religieux avec l'église Saint-Martin, à l'extrémité de la place de la République. Reconstruite de 1617 à 1660 à l'emplacement d'un édifice du IXe siècle, elle est empreinte d'art gothique par ses voûtes en croisée d'ogives et ses fenêtres à meneaux. Outre les cinquante-quatre jeux des grandes orgues de Callinet, datant de 1839, qui comptent parmi les plus importantes de l'est de la France, elle abrite un mobilier intéressant. Des autels et retables collatéraux Louis XIII, une Pietà en pierre de

Baume-les-Dames : église Saint-Martin et maison à tourelle.

1549, des statues en bois polychrome de sainte Barbe (XVIe siècle) et saint Vincent (XVIIIe siècle) ainsi qu'un lutrin en marbre rose, bronze et fer forgé de 1751 composent les belles pièces de l'église.

De là, on peut rejoindre l'hôpital Sainte-Croix, fondé au XVIe siècle, mais reconstruit et agrandi à partir du XVIIIe siècle.

La chapelle du Saint-Sépulcre, datant de 1540, abrite en ses murs gothiques le sépulcre, un superbe ensemble du XVIe siècle en pierre polychrome, qui hélas n'est pas visible au public. Il figure le Christ au tombeau qu'entourent la Vierge, soutenue par saint Jean, que côtoient sainte Madeleine et deux pieuses femmes. Aux extrémités du tombeau, Joseph d'Arimathie et Nicodème semblent déposer le linceul où repose le Christ.

Navigation à vapeur

D'un incendie qui ravagea quasiment toute la cité baumoise en 1501, ne subsista que le quartier abbatial et une poignée de maisons moyenâgeuses. Baume-les-Dames connut donc une grande période de reconstruction. Les maisons cossues du XVIIIe siècle, place de la Renaissance, s'ornent de balcons sculptés tandis, que place de la Loi, elles sont supportées par des arcades. C'est sur cette même place que se dresse la plus belle demeure de la cité, un magnifique hôtel particulier de 1574 aux deux façades où trône à l'angle, une tourelle en encorbellement. Fermant la place, le palais de Justice, édifié en 1777 par l'intendant de Lacoré, abrite désormais un musée des Canuts, consacré au tissage de la soie.

La maison des sires de Neuchâtel, datant du XVe siècle, est un bel hôtel médiéval où l'on

Atelier des pipes Ropp, dont le renom dépassa les frontières.

accède par un porche place de la République. Doté de fenêtres à meneaux, il possède une tour hexagonale et des caves voûtées qui accueillent un musée reconstituant des scènes de la vie paysanne et nobiliaire.

Située à la croisée des chemins, entre Besançon et Montbéliard, Baume-les-Dames fut aussi, de par sa situation sur le Doubs, l'un des fiefs de la lutte anti-canal… C'est également sur le bassin de Gondé, en face de l'entreprise Ropp, que le marquis Claude Jouffroy d'Abbans fit les premiers essais de navigation à vapeur, en juin 1778. Il était venu sur place rejoindre sa sœur abbesse, après avoir quitté le château familial d'Abbans-Dessus pour échapper à la vindicte de son père, refusant en bloc les recherches de son rejeton. Il réussit le pari de faire naviguer son « *Palmipède* », un bateau à rames articulées qui put fonctionner grâce à une machine à vapeur de son invention.

La vallée du Cusancin

Avec douze kilomètres de long, la petite vallée du Cusancin, située au sud-est de Baume-les-Dames, a cependant largement de quoi séduire. Son charme évident formé d'un long couloir à l'aspect sauvage, où les flots limpides de la rivière bordent tour à tour des prairies et des collines plus pentues barrées de falaises rocheuses lui ont valu le label de site classé, attribué par Conseil d'état.

Suivant un trajet inverse à la logique, en allant en direction de sa source, la vallée du Cusancin peut se découvrir au départ de Baume-les-Dames, au niveau du pont des Pipes, à l'endroit où la rivière se mêle aux eaux de l'Audeux avant de disparaître dans le Doubs.

C'est au long de ses rives que s'installa en 1895 l'usine de pipes fondée par Eugène Ropp, dont le nom est connu de tous les amateurs de bouffarde. Les pipes Ropp, qui avaient la particularité d'être fabriquées en bois de merisier, connurent la renommée pendant des décennies, en France mais aussi en Angleterre, en Amérique et jusqu'en Australie. La marque existe toujours, bien que rachetée, à l'aube des années 1990 par une entreprise de Saint-Claude, dans le Jura. Dans l'usine de Baume-les-Dames, deux personnes sont chargées du montage et de la finition des pipes, désormais en bruyère, que leur fournissent les établissements sanclaudiens. Les locaux désormais vides d'employés sont devenus un écomusée, où les machines et établis sont restés en l'état, sagement alignés sur 2 500 m².

Le Cusancin arrose une mini-vallée de douze kilomètres.

À Pont-les-Moulins, les berges du Cusancin résonnèrent jusqu'au début du XXe siècle du bruit des faux et martinets de plusieurs taillanderies, mais aussi de moulins, papeteries, teintureries et autres tanneries qui utilisaient la force hydraulique de la rivière.

Beaucoup moins connue que ses grandes sœurs la Loue ou encore le Doubs franco-suisse, le Cusancin leur est cependant bien proche, de par la configuration de son lit, parfaitement identique aux deux autres, mais en plus étroit. Ce cours d'eau limpide a donc de nombreux adeptes parmi les pêcheurs, trouvant à Pont-les-Moulins le long de six kilomètres de parcours classé en 1ère catégorie une belle population de truites farios sauvages mais aussi d'ombres communs.

Une jolie route en lacets s'élance vers Guillon-les-Bains, déjà à mi-parcours de cette vallée champêtre. Une pause au belvédère de Montivernage offre une large vue sur la chaîne du Lomont et sur les premières collines ceinturant Besançon. À Guillon, traversé par la Taverotte rapidement rejointe par le Cusancin, les maisons de caractère bordent une rivière devenue fantasque, jaillissant de partout. Une station thermale réputée due à la présence dans ses eaux de fer et de soufre fit les beaux jours de Guyon, qui connut la clientèle du tout Paris à la fin du XIXe siècle.

Remontant la course bondissante du Cusancin qui allie rapides, eaux calmes et cascades, on parvient à Cusance, premier bourg que rencontre la rivière, dont la source se situe à un kilomètre. C'est dans ce village que naquit la romantique Béatrix de Cusance, dont le cœur est conservé au château de Belvoir (voir page 76).

Le Cusancin prend naissance dans un cirque, alimenté par les sources Bleue et Noire. La première s'étale en une calme étendue, qui selon la lumière, prend effectivement une teinte bleutée, tandis que la seconde jaillit d'une grotte.

Au dessus du val de Cusance, semblant posée sur la forêt, en réalité bâtie sur une plateforme rocheuse à la fin du XIXe siècle, se dresse la chapelle Saint-Ermenfroy dédiée à saint Colomban. Elle fut édifiée à l'emplacement du château fort XIIIe siècle de la famille de Cusance, détruit par les armées de Louis XI au XVe siècle. N'en subsistent que la ruine du donjon et quelques rares vestiges.

LA CANCOILLOTTE

Se basant sur des textes romains où apparaît la *concoctum lactem,* d'aucuns ont longtemps rapporté que cette spécialité fromagère unique en son genre serait apparue il y a deux mille ans. Les érudits, mettant leur grain de sel dans le metton (voir plus loin), affirment qu'elle est née au Moyen Âge. Toujours est-il qu'elle a vu le jour en terre comtoise et qu'elle s'y fabrique désormais de manière plus industrielle, en Haute-Saône essentiellement et dans le Doubs à Baume-les-Dames (*« cancoillotte Raguin »*) et à Franois (cancoillotte *« La belle étoile »*).

Cette spécialité, qui connut toutes les appellations, dont fromage fondu, de ménage, ou encore de femme (car elle se chargeait de la fabriquer...), se reconnaît à son aspect coulant, son odeur assez forte et sa couleur variant du crème au jaune. Elle ne devint « cancoillotte » qu'au XIXe siècle pour être ensuite surnommée par ses nombreux adeptes de – on n'aurait pu trouver meilleur qualificatif – *« colle »*.

Elle est préparée à base de lait cru écrémé, caillé, chauffé à 60° maximum puis pressé, émietté et brassé appelé le metton. Une fois fermenté, le metton est ensuite fondu avec de l'eau, du sel et du beurre. On y adjoint aromates, ail ou vin blanc et le tout est porté à ébullition. Encore faut-il avoir le tour de main lorsqu'on touille la cancoillotte à la maison...

Elle est devenue le troisième élément, incontournable, du typiquement comtois « saucisse de Morteau, pommes de terre, salade », où elle vient napper de ses très diététiques « 5 à 11 % de matières grasses », selon les fabriquants, un plat certes délicieux, mais plutôt calorique.

Base de la cancoillotte : le metton (maison Raguin à Baume-les-Dames).

De Baume-les-Dames à Besançon

Dès la sortie de Baume-les-Dames, le belvédère du Saut-de-Gamache permet d'admirer en surplomb la courbe du Doubs et la vallée environnante à hauteur d'Esnans. Ce magnifique endroit faillit bien disparaître sous les eaux du « grand canal », jusqu'à l'abandon du projet en 1998.

Ougney-le-Bas possède de beaux restes d'un ancien prieuré datant des XIIe et XVIe siècles, qui mériterait d'être restauré.

À Saint-Hilaire, l'église étonne par ses proportions, comprenant trois nefs, trois travées ainsi que des chapelles, mais s'explique par le fait qu'elle était l'unique édifice religieux pour plusieurs communes des alentours. Bâtie de 1769 à 1772 par l'architecte Colombot, l'intérieur fut pourvu d'une riche décoration (retable et tabernacle en bois doré, pupitre en fer forgé, statues et lithographies), dont les principales pièces furent sauvées des excès de la Révolution par le curé de la commune.

Roulans abrita deux châteaux : le premier installé dès le XIe siècle sur le pic d'Aigremont, le second un kilomètre plus loin au XIIIe siècle. Seuls quelques vestiges dont une tour ont subsisté de l'édifice le plus récent, incendié à la Révolution.

À une quinzaine de kilomètres de Besançon, le château de Vaire-le-Grand domine la vallée du Doubs, implanté dans un jardin à la française remarquable, comptant parmi les plus beaux de la région. Edifié de 1713 à 1718 pour Jean-Antoine Boisot, président du Parlement de Franche-Comté, sa construction s'inspire du château de Champs-sur-Marne, étant par là même l'une des premières demeures de la région à prendre modèle sur une architecture parisienne.

Son ordonnance classique, avec un hall d'entrée s'ouvrant sur une pièce de réception puis sur les jardins, offre à l'étage de belles pièces dont plusieurs ont été restaurées. Le château était en piteux état jusqu'aux années 1985 où il fait depuis l'objet des soins attentifs des nouveaux propriétaires. Le rez-de-chaussée a retrouvé son lustre d'antan, tel ce petit cabinet aux boiseries sculptées, admirablement reconstitué d'après l'inventaire de l'époque, l'une des plus belles pièces du château. Les jardins, dont les

Le remarquable jardin à la française de Vaire-le-Grand.

Le château de Vaire-le-Grand, édifié au début du XVIIIe siècle.

terrasses s'étagent doucement jusqu'au Doubs, sont bordées d'ifs et plantés de charmilles, que ponctuent çà et là des bassins surmontés de statues.

Le château d'Hotellans, à Novillars, est une belle bâtisse rectangulaire encadrée de deux tours carrées datant du XVIIe siècle qui a résisté au temps et aux occupations militaires.

L'aqueduc romain du site d'Arcier raconte la longue histoire de cette commune avec l'eau, dont les sources sont connues depuis cette époque, et qui alimentent, encore aujourd'hui, la capitale comtoise.

Motifs résolument contemporains pour le dôme à l'impériale de Roulans.

Clocher comtois à Montfaucon.

Au-dessus des ruines du château de Montfaucon.

Niché au creux d'une colline, Montfaucon est aux portes de Besançon. Sur l'éperon rocheux dominant le village actuel, un château fort fut édifié au XIIIe siècle par les seigneurs de Montfaucon, qui eurent destin lié à Montbéliard par le jeu des mariages, du XIIe au XIVe siècle. Du château de cette puissante famille restent de beaux vestiges, d'un ensemble qui devait être impressionnant. Murs d'enceintes avec son entrée fortifiée, quelques pans de l'église et de plusieurs maisons ou encore cave voûtée, citernes, haut donjon ruiné témoignent de son importance. Maintes fois démantelé puis incendié pendant la guerre de Dix Ans, il joua, de par son emplacement stratégique, le rôle de guet sur la vallée en amont de Besançon, tout comme les forts Donzelot et de Montfaucon, construits au XIXe siècle, pour protéger la ceinture de la capitale comtoise.

Le belvédère de Montfaucon, aménagé à côté du relais de télévision offre le plus beau panorama qui soit sur Besançon, les collines environnantes, et au loin, sur les premiers plateaux du Jura, voire par temps clair, jusqu'au Mont Blanc.

LA VALLÉE DE L'OGNON

Depuis Baume-les-Dames, la moyenne vallée de l'Ognon au nord ouest du département se rejoint par la D50. L'Ognon en provenance des Vosges voisines, va longer, sur une partie de son parcours, les départements de la Haute-Saône et du Doubs, faisant alors office de frontière naturelle.

Rougemont, baronnie féodale

À quelques kilomètres de la rivière s'élève Rougemont, place forte féodale des puissants sires du même nom, qui bâtirent au moyen âge, sur la butte où s'est implantée cette petite ville, un château fort qui fut rasé au XIXe siècle. Dans la partie basse de la ville, la porte du Vieux Moulin est le seul témoignage des solides remparts qui ceinturaient la cité depuis l'époque médiévale. À proximité se dresse le château Vorget, demeure du dernier seigneur de Rougemont au XVIIIe siècle, devenu maison de retraite. Cette partie ancienne de la cité est bordée de quelques vieilles maisons des XVe et XVIe siècles, le long de ruelles qui grimpent vers la *« ville haute »*, dont l'hôtel de Choiseul, pourvu d'une tour circulaire que coiffe un toit conique.

Sur cette butte où de loin, s'aperçoit le clocher de l'église se trouve le couvent des Cordeliers, flanqué d'une chapelle, qui fut bâti en 1450 par des religieux de Dole, transformé de nos jours en centre de soins. À côté, la belle maison Philibert de Mollans, datant du XVe siècle, est bien conservée. Elle rappelle que ce personnage fut le fondateur de la célèbre Confrérie des chevaliers de Saint-Georges, qui draina à Rougemont jusqu'à la Révolution, la fine fleur de la noblesse franc-comtoise. Les chevaliers se réunissaient dans l'église, où un petit sanctuaire leur était réservé. L'édifice religieux, dont le clocher date du XVe siècle, fut remanié au XIXe siècle et abrite quelques belles statues dont une Vierge en pierre du XVe siècle et une autre en bois figurant Saint-Antoine, réalisée au siècle suivant.

Toujours dans ce quartier de la *« citadelle »* s'élève la *« Maison d'autrefois »*, consacrée aux paysans vignerons, et qui reconstitue par des mannequins en situation les conditions de vie quotidiennes d'antan.

Le XIXe siècle fut prolixe en constructions, tel l'hôtel de ville à façade ocre qui abrite dans l'une de ses salles une collection archéologique et paléontologique. À ses côtés, une grande fontaine, un lavoir et des Halles constituent un bel ensemble.

Le château de Bournel

À quelques kilomètres en amont de Rougemont, le petit village de Cubry abrite, dans un immense parc planté d'essences rares, le surprenant château de Bournel. L'ensemble est du plus bel effet, même si les styles y sont mélangés. La partie ancienne dite du *« Vieux Bournel »* fut édifiée vers 1735 par le premier marquis de la famille de Moustier, Philippe-Xavier, qui donna au château le nom de jeune fille de son épouse. Après la construction des bâtiments actuels, qui furent agrandis à la fin du XIXe siècle, le projet d'un véritable château ne vit pas le jour.

Château Vorget…

… et Porte du Vieux Moulin à Rougemont.

Il faut attendre les années 1860 pour que le 5e marquis de Moustier, Léonel, arrière-petit-fils du précédent, fasse édifier par l'architecte Parent, élève de Viollet-le-Duc, un château d'inspiration néogothique et néo-Renaissance. Tours et tourelles, faux mâchicoulis, fenêtres à meneaux, première Renaissance pour le corps de logis, le tout surmonté de toits fortement pentus ponctués de lucarnes et de chiens-assis donnent à l'édifice un aspect éclectique typique du XIXe siècle. La décoration intérieure, l'édification de la chapelle inspirée de celle d'Amboise, le jardin à la française à l'intérieur des terrasses ou encore la création du parc à l'anglaise furent réalisés par Pierre-René, fils de Léonel, qui se chargea également de l'agrandissement du *« vieux château »*, de 1890 à 1910.

Une parcelle du parc a été aménagée en golf dix-huit trous, tandis que dans la partie ancienne du château, quatorze chambres sont proposées en hôtellerie. Un restaurant gastronomique, *« Le Maugré »*, rappelle la devise de cette illustre famille, dont l'existence remonte au temps des croisades : *« Moustier sera maugré le Sarrazin »*.

Partie et détail du château dit du « vieux Bournel ».

La partie récente du château de Bournel resplendissant de l'éclectisme du XIXe siècle.

Un bassin dans le parc de Bournel, où se trouvent jardins à la française, parterres à l'anglaise mais aussi golf 18 trous.

Empreinte médiévale

Dans les terres, presque tous les villages alentours témoignent d'un passé marqué de l'empreinte féodale, voire de civilisations beaucoup plus anciennes. À Gondenans-Montby, la grotte de la Tuilerie fut ainsi habitée au néolithique et des ruines attestent la présence d'un château au moyen âge. Gondenans-les-Moulins a livré maints vestiges de l'époque paléolithique dans ses grottes de l'Ours et du Fer à cheval, où habita l'homme de Neandertal. Le château qui domine le village fut reconstruit en totalité au XVIIe siècle, à l'emplacement d'un bel édifice de style Renaissance italienne, œuvre d'architectes génois, les Precipiano.

À Romain-la-Roche, un site paléontologique de cent-cinquante-mille ans a été mis à jour, révélant des ossements de grandes espèces animales : mammouths, rhinocéros et de l'outillage du Neandertal… Richesse naturelle pour l'instant fermée au public, la grotte du Crotot est l'une des plus intéressantes de France par ses galeries où nichent des colonnes de stalactites.

Une forteresse moyenâgeuse occupait depuis le XIIe siècle l'éperon rocheux de Huanne-Montmartin, dominant le val de Montmartin. Brûlé par deux fois, sous Louis XI puis par les Suédois en 1637, il fut rebâti en 1735. L'église du village (XIIIe siècle) a gardé depuis ses origines un beau clocher comtois ainsi que le chœur, orné d'un vitrail d'époque.

De Bonal à Moncley

Au nord, l'Ognon commence sa course frontalière entre la Haute-Saône et le Doubs, au val de Bonnal. Un centre de loisirs de 150 hectares, comprenant quatre plans d'eau y a été aménagé sur les vestiges d'une ancienne gravière. Furent aussi exhumées à Bonnal les fondations d'un village mérovingien, comprenant plusieurs sarcophages.

Suivant le fil de l'Ognon, qui baigne des paysages bucoliques, ce sont là encore des villages que dominaient jadis des châteaux, dont certains ont heureusement passés les siècles sans être rasés ou démantelés.

C'est le cas de l'imposant château de la Roche, à Rigney, édifié en 1558, qui domine de toute sa masse la rivière. Construit à l'emplacement d'une demeure féodale, il conserve de beaux éléments Renaissance, à l'extérieur comme à l'intérieur, en cours de restauration.

A Moncey, la grosse demeure aux tours carrées fut propriété du maréchal, illustre enfant du pays, qui donna son nom à la commune. Ce militaire eut une brillante carrière sous Napoléon dont il fut Gouverneur des Invalides. Disparu en 1852, ses cendres sont conservées aux Tuileries.

Des toits coniques surmontent les tours rondes du château classé de Bonnay, long bâtiment rectangulaire constitué de trois niveaux, caché par un mur d'enceinte.

C'est à Moncley enfin que se dresse le plus beau château de style néoclassique de Franche-Comté, et selon les spécialistes, de France. Là encore, une forteresse du XVIe siècle existait en retrait du château actuel. C'est l'architecte bisontin Bertrand qui fut chargé des plans par le marquis Terrier de Santans, président du Parlement de Besançon. La construction, qui s'étala de 1778 à 1791, ayant été interrompue par la Révolution, fait la part belle aux volumes courbes. Ainsi, la façade concave côté cour est ornée d'un impressionnant péristyle triangulaire que supportent des colonnes ioniques, tandis que sur le jardin, deux ailes rectangulaires encadrent la façade convexe de la rotonde à coupole. L'ensemble est d'une saisissante harmonie et dégage une majesté indéniable, de par le volume de la façade principale, reliée en outre à des corps de logis qui servaient de communs, le tout installé dans un parc immense.

Plusieurs éléments témoignent aussi du goût de ce siècle pour le retour à l'architecture antiquisante, comme dans le grand vestibule d'honneur à colonnes corinthiennes, qui permet d'accéder à l'étage par un volumineux escalier à double révolution. Les pièces d'habitation ont conservé boiseries et papiers peint d'époque et s'ornent de plusieurs trophées de chasse.

Moncley, le plus beau château néoclassique comtois.

Les dépendances du château de Moncley.

A Bonnal, quatre plans d'eau forment 150 hectares dédiés aux loisirs.

Eglises de Ruffey-le-Château .

Cordon de villages

À quelques lieues de l'Ognon, presque au terme de son voyage dans le Doubs, un crochet permet la découverte d'un cordon de villages gardant d'intéressants témoignages du passé. Ruffey-le-Château possède un beau château, restauré au XVe siècle puis remanié au XVIIIe siècle, qui domine la rivière et dont les murailles viennent baigner l'Ognon.

A Recologne, le castel, là aussi en surplomb du village, fut quasiment détruit pendant la guerre de Dix ans, avant d'être reconstruit en 1640, flanqué de quatre tours d'angle. Fortifications et pont-levis ne passèrent pas la Révolution…

La même histoire se reproduit alentours : Noironte et son château du XIVe siècle rebâti en 1786 avec deux tours, l'une ronde l'autre carré ; Cordiron et Corcondray n'ont gardé que quelques vestiges mangés par le lierre de leurs châteaux médiévaux et de leurs fortifications : un donjon carré de vingt mètres ainsi qu'un large porche dans la muraille crénelée à Corcondray.

Les belles maisons de Pelousey, installées au pied d'un coteau sont dominées par le château d'Uzel, demeure du XVIIIe siècle devenue centre de soins.

Sur le territoire d'Emagny se dressait au XIIe siècle une abbaye cistercienne tandis qu'à Burgille, on a relevé les vestiges d'une monumentale villa romaine.

Jallerange est le dernier bourg avant d'entrer dans le Jura. Outre de magnifiques reliques gallo-romaines découvertes au XVIIIe siècle, le village s'enorgueillit de posséder l'un des plus remarquables jardins à la française de France, planté devant le château à partir de 1771. Ces somptueux parterres peuplés de noyers et marronniers où se dressent des portiques taillés dans les charmilles sont classés à l'inventaire des monuments historiques.

De Besançon au pays de Pergaud

Boucle parfaite du Doubs autour du vieux Besançon.

Le centre ancien de Besançon, que domine, au fond, la citadelle.

Besançon, la capitale

PLUSIEURS fois honorée du titre de « *1ère ville verte de France* », capitale du Doubs et de la Franche-Comté, Besançon ne donne sa pleine mesure qu'en la contemplant depuis l'un des nombreux panoramas qui la surplombent. Il faut « grimper » à Chaudanne, à Bregille ou encore à la Citadelle (voir page 126) pour mieux appréhender tout le charme de cette ville par trop méconnue qui rassemble 120 000 habitants.

De là-haut, elle semble ramassée sur elle-même, couverte d'une harmonie de toits, sillonnée par endroits de rues étroites, piquetée de quelques clochers et émaillée de verdure. Curieusement blottie sur une sorte de presqu'île de cent-vingt hectares, Besançon est ceinturée par le ruban sombre de la rivière, formant une boucle parfaite de quatre kilomètres et demi, qui, d'en haut, semble dessinée.

Un site naturellement défensif qui ne manqua pas d'attirer les populations, se rassemblant dans « *la boucle* » - comme la nomme les bisontins – dès l'époque néolithique.

Déjà César ne s'y était pas trompé, décrivant Vesontio, en 58 avant J.-C. dans sa *Guerre des Gaules* comme un lieu hautement stratégique. Protégée par la rivière, Besançon l'est tout aussi naturellement par une colline qui constitua longtemps le verrou de la cité, où fut ensuite érigée une citadelle à cent-dix mètres au dessus du Doubs, réellement pensée et achevée par Vauban au XVIIe siècle, qui ceintura en outre la vieille ville de solides remparts.

Très convoitée, Besançon fut tour à tour capitale des Séquanes, première ville du Comté de Bourgogne, passa des mains des Habsbourg d'Autriche à ceux d'Espagne.

Louis XIV la désire et l'assiège en 1674, mais il faut attendre 1678 et le traité de Nimègue pour que Besançon soit réunie, avec le reste de la Comté - hormis Montbéliard, enclave protestante -, au royaume de France. Une lettre patente du roi lui octroie le titre envié de capitale de la province. Dès lors officiellement reconnue, elle ravit peu à peu à Dole, sa voisine jurassienne, des prérogatives bien ancrées.

Le quartier Saint-Jean, dont la Porte Noire figure l'entrée, flanquée à quelques mètres de la cathédrale éponyme.

Le quartier Saint-Jean

Dès l'époque gallo-romaine, Besançon fut urbanisée et dotée de nombreux monuments (un amphithéâtre, un forum, des temples et thermes), pour la plupart disparus et dont il ne reste que peu de vestiges. Seul, un arc de triomphe monumental - la Porte Noire, marquant l'entrée des « *quartiers hauts* » via la Citadelle - est encore debout. Edifié au IIe siècle, sans doute sous Marc Aurèle, il conserve dans sa pierre noire des sculptures de dieux et d'épisodes mythologiques, qui, s'ils ont été endommagés par les ans, sont néanmoins légèrement visibles.

À quelques mètres, le square Castan a conservé des vestiges gallo-romains, dont le mystère n'a pas été vraiment percé : on sait juste que l'eau approvisionnant les habitants arrivait là par un aqueduc. Bordé d'arbres centenaires, quelques parties de très grandes colonnes y subsistent encore ainsi que les minuscules restes d'un temple. De l'ensemble se dégage une impression de sérénité mais l'on peut regretter que le square ne soit pas davantage mis en valeur.

PATRIE D'HOMMES CÉLÈBRES

Outre Victor Hugo, les frères Lumière, Tristan Bernard, Besançon a compté dans ses murs plusieurs naissances d'hommes célèbres. Ainsi, l'écrivain Charles Nodier (1780-1844) qui rassembla le premier cénacle romantique dans son salon parisien. Précurseur du surréalisme, il est l'auteur de nombreux contes, d'écrits politiques et historiques. Deux grands théoriciens sociaux sont nés dans la capitale comtoise : Charles Fourier (1772-1837) et Pierre-Joseph Proudhon (1809-1865). Le premier rêva d'organiser la société en phalanstère, qui aurait hébergé en nombre égal hommes et femmes dans une sorte de grande coopérative. Proudhon, dont les qualités intellectuelles d'exception et l'immense culture en firent un des plus grands penseurs de son époque, est considéré comme l'un des pères du mutualisme, du fédéralisme, des coopératives ou encore de l'anarchisme.

D'autres illustres personnages vécurent à Besançon, de Colette en passant par Balzac, ou Mallarmé qui y enseigna l'anglais. Stendhal y plaça en partie les personnages de son célèbre roman *Le Rouge et le Noir*.

La place Saint-Pierre et son église, cœur du centre ville.

Ce quartier, dit quartier Saint-Jean, du nom de l'église-cathédrale qui y trône, à quelques mètres de la Porte Noire, est une splendeur de quiétude et d'architecture. Hôtels particuliers des XIVe et XVIe siècles, ruelles tortueuses, Saint-Jean abrite plusieurs ordres de religieuses qui ont su conserver aux bâtiments toute leur splendeur d'antan.

Fleuron du quartier, la cathédrale Saint-Jean, édifiée aux XIIe et XIIIe siècles puis rebâtie partiellement au XVIIIe siècle possède un plan architectural original qui réside dans ses deux absides et son absence de transept. Un choix atypique pour l'époque. On y remarque une très rare Vierge aux saints de Fra Bartoloméo datant de 1512 et un autel circulaire en marbre du Xe siècle.

Attenante à la cathédrale, en réalité installée à la base de son clocher, l'horloge astronomique est un mécanisme complexe construit de 1857 à 1860 par Vérité de Beauvais, constitué de trente-mille pièces, dotée de soixante-dix cadrans et animée toutes les heures par vingt-et un automates évoquant la résurrection du Christ.

La montée à la Citadelle vaut à elle seule le coup d'œil : vous pouvez vous y rendre en voiture, en petit train, mais si vous choisissez d'y aller à pied, armez vous de solides mollets et d'une bonne dose de souffle. Dans le virage avant le monument des Fusillés de la Résistance, la première récompense est le panorama imprenable sur Bregille, en face, et sur le quartier Rivotte, étalé en contrebas sur les bords du Doubs. Rivotte marquait l'entrée de la ville avec une porte à trois arches datant du XVIe siècle, qui figure comme l'un des beaux vestiges des remparts qui ceinturaient la ville. Plusieurs fois remaniée, elle porte dans la pierre une inscription qui laisse aujourd'hui rêveur : *« Défense expresse de trotter »*.

Après l'horloge astronomique, les ruelles du quartier capitulaire, où rien ne semble pouvoir troubler la tranquillité, abritent de magnifiques demeures, souvent cachées derrière de hauts murs. On remarque le bel hôtel Bonvalot, du XVIe siècle, sis rue du Palais.

En contrebas, la petite place Victor Hugo porte le nom de l'illustre écrivain, né au n° 140 par le hasard des garnisons de son père, et qui ne connut Besançon que quelques semaines. Au n° 1 de cette même place naquirent aussi les frères Lumière, inventeurs du cinématographe, Auguste en 1862 et Louis deux ans plus tard.

La Grande-rue et ses artères

L'artère principale de la cité, la Grande Rue – l'ancienne cardo romaine – part, ou aboutit c'est selon, de la place Victor Hugo. Elle traverse toute la vieille ville, à l'intérieur de la boucle, pour parvenir, de l'autre côté, au pont Battant. Déjà au n° 96, l'attention est arrêtée : le palais Granvelle, l'un des plus beaux monuments de la

La cour d'honneur du Palais Granvelle.

cité, trône là. Si l'on ignore toujours quel en fut l'architecte, on sait qu'il était résidence, au XVIe siècle, de Nicolas Perrenot de Granvelle, garde des sceaux de Charles Quint. Sa très belle façade Renaissance est surmontée d'un toit de tuiles vernissées rouilles et vertes qui a recouvré son éclat originel dans les années 1990. La cour intérieure est cernée de colonnes toscanes qui supportent des arcades en anses de panier particulièrement harmonieuses. L'une de ses ailes abritera à terme le très attendu Musée du Temps, en hommage au passé horloger de la ville.

Avant de poursuivre dans la Grande rue, un détour par la place Granvelle amène au théâtre Claude-Nicolas Ledoux, édifié dans le haut de la rue Mégevand, qui abrite aussi un peu plus loin, le Grand séminaire, où Julien Sorel passa de longs mois dans *Le rouge et le Noir* de Stendhal…

Le théâtre Ledoux ne vaut plus hélas que par son prestigieux architecte, dont Bertrand bâtit l'édifice d'après ses plans, de 1778 à 1784, mais qui fut ravagé par un incendie en 1958. Il ne reste aujourd'hui que les six colonnes de la façade. Est parti en fumée un ensemble théâtral exceptionnel qui comprenait la première fosse d'orchestre au monde.

Non loin de là, sur la gauche, la rue de la Préfecture aboutit à la place du même nom, érigée en demi-cercle où fut élevée l'Intendance (actuel hôtel de Préfecture) entre 1769 et 1775, par l'architecte Nicolas Nicole. Ce très bel édifice, typique de l'architecture du XVIIIe siècle, avec ses douze colonnes et ses douze baies, possède une façade qui figure parmi les plus réussies de Besançon… mais ne se visite pas.

En poursuivant vers la promenade Chamars, où au IIe siècle s'élevait un temple à la gloire du Dieu Mars, se dressent sur la droite les très belles et monumentales grilles, toutes de noir et d'or vêtues, de l'hôpital Saint-Jacques, réalisées avec le reste du bâtiment à la fin du XVIIe siècle par Nicolas Chapuis.

Outre une cour d'honneur surmontée d'une galerie, l'hôpital abrite l'une des plus remarquables apothicaireries de France selon les spécialistes, datant de la même époque. Là, dans un décor inchangé, tout de boiseries or et noir et de rideaux pourpre, s'alignent sagement deux cents pots de faïence.

En prolongement s'élève le superbe dôme vernissé, au jaune éclatant, de la chapelle Notre-Dame du Refuge. Ornée de style rocaille, elle est l'œuvre de Nicolas Nicole, qui l'éleva en 1739.

Le nez au vent pour ne rien manquer des sculptures, linteaux ou balcons ouvragés qui ornent bien des immeubles, on remarquera ce qui surprend tout nouveau venu à la cité comtoise : la pierre des façades de la plupart des maisons anciennes est curieusement bicolore, jaune-ocre et bleue.

Alternées avec soin, comme sur les murs florentins à bossage de l'hôtel de ville qui trône place Saint-Pierre, ou empilées au petit bonheur par les architectes, ces tonalités étonnantes ajoutent un charme supplémentaire aux édifices. La présence d'oxyde de fer et de pyrite explique les deux couleurs de ces pierres calcaire dont les bâtisseurs allaient faire provision en forêt de Chailluz, ou dans les carrières avoisinantes, aux Graviers-Blancs, aux Torcols ou à la Malcombe.

Derrière la façade de l'hôtel de ville, celle du palais de Justice, construit par Hugues Sambin de 1582 à 1587 contraste étrangement. De style Renaissance, elle flamboie d'ornements et supporte les statues de la Justice et de la Force. Son très beau vestibule à l'escalier monumental, décoré au début du XXe siècle par Isembart, mène à la salle d'audience où Julien Sorel subit les foudres de ses pairs dans *Le rouge et le Noir*.

La Place du 8 septembre plus communément appelée place Saint-Pierre, du nom de l'église qui y trône, est à deux pas, délimitée d'un côté par l'hôtel de ville, de l'autre par l'église de style néo-classique, achevée en 1786 par Claude-Joseph Bertrand. Véritable centre de la cité, la place Saint-Pierre est le cœur du vieux Besançon d'où s' échappent les principales rues, telle la plus importante, la Grande Rue.

Riche en bâtisses de toute beauté, la Grande Rue regorge d'hôtels particuliers des styles les plus divers, s'échelonnant des XVIe au XVIIIe siècles. Parmi les plus remarquables citons ceux de Chevanney au n° 11, datant de 1582, où arcades, sculptures et frontons sont du plus pur style renaissance, suivi au n° 15 de celui de Gauthiot d'Ancier, édifié au début du XVIe siècle et encore tout empreint de style gothique.

Au n° 23 se trouve la maison natale de l'écrivain Tristan Bernard, égayée d'un splendide balcon de fonte. Ce talentueux homme de théâtre rappelait avec humour qu'il était né à Besançon, comme Victor Hugo, ajoutant : *« Il y a une plaque sur sa maison natale. Sur la mienne aussi, mais c'est celle de la Compagnie du gaz »*. Un oubli depuis longtemps réparé…

Le majestueux hôtel d'Emskerque, tout de raffinement, fut bâti pour une riche famille d'Anvers au n° 44, à la fin du XVIe siècle. Impressionnant par ses proportions, depuis le portail jusqu'aux fronton et pilastres, l'hôtel Terrier de Santans visible au n° 68 fut édifié pour le président du Parlement de Franche-Comté à la fin du XVIIIe siècle. En continuant vers la place Victor Hugo, on passera au n° 81 devant la maison natale de Charles Fourier (voir encadré). De l'autre côté, (n° 86 et 88), l'ancien couvent des Grands-Carmes n'est guère visible de la rue. La fontaine de Neptune, où le dieu grec chevauche un dauphin, semble monter la garde à côté d'une très belle porte du XVIe siècle. Le couvent abrite encore le cloître du même siècle, qui fut remanié à la fin du XVIIIe siècle.

Place du Marché

Après avoir longé le Palais Granvelle et avant de repiquer dans la petite rue de la Bibliothèque, qui abrite les écrits de la ville depuis trois cents ans, on remarquera à l'angle, l'église Saint-Maurice, qui fut église paroissiale des Granvelle au XVIe siècle. Reconstruite au début du XVIIIe siècle, sa façade de type jésuite a été dernièrement ravalée.

En poursuivant sur la gauche, par la rue des Granges, on parvient à la place du Marché, de son vrai nom place de la Révolution. Sur l'un de ses côtés, le musée des Beaux-Arts et d'Archéologie est l'un des fleurons de Besançon. Plus ancien musée de France, il fut édifié dans une ancienne halle aux grains où il fut ouvert au public en 1694. Derrière sa façade austère datant de la première moitié du XIXe siècle se trouve un cadre architectural qui fut entièrement remanié par un élève de Le Corbusier, Luis Miquel. Des collections les plus diverses y voisinent avec bonheur : antiquités égyptiennes et romaines, céramiques et statues médiévales, cabinet de dessins, collection de pièces d'horlogerie… mais aussi l'évolution picturale du XVIe siècle à nos jours, à travers des toiles de maîtres tels que Le Tintoret, Fragonard, Renoir, Courbet, Matisse, Goya, Cranach…

La musique a une place de choix à Besançon, grâce au renom de son Festival International de musique (voir page suivante) et du conservatoire de région, édifié lui aussi sur la place de la Révolution et qui date du XVIIIe siècle. En prolongement, rue Goudimel, l'église de l'ancien hospice du Saint-Esprit est la plus vieille bâtisse de la cité. Bien que remaniée au XVe siècle, sa construction date de l'époque médiévale, au XIIIe siècle. À sa gauche, un porche néo-gothique mène à l'une des curiosités les plus méconnues de Besançon et des bisontins eux-mêmes : la galerie du Saint-Esprit. Cette merveille en bois ouvragé datant du XVe siècle est d'une exceptionnelle finesse.

La place du Marché, de son vrai nom place de la Révolution.

Au fond à droite, le bas de la rue Battant, en vis-à-vis de l'église Sainte-Madeleine. Au premier plan, la statue du marquis Jouffroy d'Abbans, père de la navigation à vapeur.

LE FESTIVAL INTERNATIONAL DE MUSIQUE

S'il n'a pas atteint la réputation du festival de Cannes, le Festival International de Musique de Besançon et de Franche-Comté a acquis ses lettres de noblesse chez tous les mélomanes depuis 1948, date de sa création. Chaque mois de septembre est rythmé dans la capitale comtoise et dans divers lieux patrimoniaux de la région, par des programmations de renom interprétées par les orchestres symphoniques et les maîtres les plus prestigieux. Depuis 1951, un *« Concours de jeunes chefs d'orchestre »* se déroule en outre tous les deux ans. Les plus grands y ont été révélés, parmi lesquels, pour n'en citer qu'un, Seiji Ozawa.

Quartier Battant

Le pont Battant marque la fin de la *« boucle »* mais aussi l'entrée dans l'un des plus vieux et des plus pittoresques quartiers de Besançon : celui de Battant. Avant même de traverser le pont, seul rescapé de l'époque antique jusqu'à sa destruction lors de la dernière guerre mondiale, l'attention est attirée, juste en face, par l'imposante église Sainte-Madeleine, plus communément nommée église de la Madeleine.

Edifiée sur des plans de Nicolas Nicole dès 1746, elle ne fut réellement finie qu'en 1826, avec l'achèvement de sa seconde tour qui abrite le Jacquemard, un automate rythmant de son carillon la vie du quartier. Sa façade massive ne laisse pas deviner toute l'élégance intérieure due aux trois nefs d'égale hauteur, dont les murs sont ponctués de peintures comtoises des XVIe au XVIIIe siècles.

Toujours depuis le pont, on remarque sur la droite un bâtiment rectangulaire de style mauresque, flanqué de tours polygonales. Cette synagogue, édifiée de 1869 à 1871 par Pierre Marnotte, est classée monument historique.

Battant est un quartier vivant où étaient regroupés autrefois une foule de petits métiers, dont le plus répandu était celui de vigneron. Ils étaient quelques milliers à fabriquer un petit vin blanc fort réputé, mais dont la tradition s'est perdue au XIXe siècle. Il reste néanmoins de cet ancien quartier vigneron une ambiance *« village »* au charme certain.

Battant, mais aussi les quartiers limitrophes d'Arènes (ancien quartier des tanneurs) et de Charmont sont émaillés de rues et ruelles étroites, souvent pentues et où se trouvent de rares témoignages de l'époque médiévale à Besançon. À l'angle des rues de la Madeleine et des Frères Mercier, une maison à pans de bois à l'étage en encorbellement, datant du XVe siècle, est souvent considérée comme la plus ancienne de la ville.

Dans les rues Thiémanté, Séchal, et du Grand-Charmont, plusieurs maisons à colombages datant du XVIe siècle ont été entièrement restaurées, afin de mettre à jour leur ossature jusque là cachée par un enduit.

Comme une bonne partie de la cité comtoise, Battant fait l'objet depuis quelques années d'une grande campagne de rénovation. C'est le cas de l'hôtel Perrin-Jouffroy, situé à l'angle des rues du Petit et du Grand-Charmont, datant de la fin du XVe et du début du XVIe siècle. Sa façade à pignon ornée d'un balcon soutenu par des têtes sculptées, ses nombreuses fenêtres à meneaux ou encore sa belle cour intérieure compte parmi les restaurations les plus réussies.

Avant de parcourir la rue Battant, il convient de se retourner pour admirer le « *Quai Vauban* », un ensemble de bâtiments répartis de part et d'autre de l'entrée de la Grande Rue, considéré comme le plus beau de France.

Edifié par les frères Robelin de 1692 à 1695, l'ensemble de ce front à deux étages est d'une harmonie saisissante, d'autant que la rénovation de ses murs a fait revivre les tonalités bleues et

Le Jacquemard,
automate carillonneur de l'église Sainte-Madeleine.

Les quais Vauban, considérés comme les plus beaux de France.

ocres chères à la capitale comtoise. Le quai Vauban, typique de l'architecture civile du XVIIe siècle, était surmonté en son centre d'une porte monumentale dédiée à Louis XIV, qui fut hélas détruite en 1775.

Le début de la rue Battant est marqué de maisons, de cours et de bâtiments qui figurent parmi les plus beaux de la ville. Au n° 18 l'ancien hôtel de la Charité abrite une Vierge à l'Enfant dans une niche de style gothique, la façade du n° 20 date de 1714, la cour des n° 19 et 21 abrite un grand escalier double tout en bois blond.

Le n° 37 est incontournable d'une promenade dans cette rue : y siège l'hôtel de Champagney, datant de la première moitié du XVIe siècle, qui a été entièrement réhabilité. Sa façade gothique est surmontée de quatre gargouilles, tandis que la cour intérieure où l'on accède par un porche voûté d'arêtes au sol pavé, est typique des constructions du XVIe siècle. Réaménagé dès 1560 par Nicole Bonvalot, la veuve de Nicolas Perrenot de Granvelle, la cour fut agrémentée d'une superbe galerie de bois soutenue par des colonnes de pierre de style toscan.

Poursuivant dans cette cour, on parvient au Clos Barbisier, un jardin de roses anciennes, qui ponctue de verdure le centre ancien, tout comme de multiples parcs et jardins publics qui ont sans nul doute comptés dans le titre de *« 1ère ville verte de France »*, décerné à Besançon. Parmi les plus importants figurent le parc des Glacis, situé au-dessus du quartier Battant ou encore la promenade Micaud, un immense parc étalé au bord du Doubs depuis 1843.

Le haut de la rue Battant rappelle l'époque des vignerons avec la justement nommée place Bacchus où trône une fontaine. Au n° 97, une demeure du XVe siècle, l'une des plus vieilles de Besançon, est caractérisée par son pignon de pierre et la porte de sa cave datant de 1673, encore un souvenir des « *Bousbots* ». Cet autre surnom des habitants du quartier Battant remonte aux tensions religieuses du XVIe siècle entre protestants et catholiques. En l'an 1575, les huguenots de Montbéliard tentèrent une percée dans la ville. Fermement refoulés par les habitants de Battant, ceux-ci se surnommèrent dès lors les « *Bousbots* » (« *ceux qui poussent les bots* », autrement dit les protestants).

L'école d'horlogerie Jules Haag, créée il y a plus d'un siècle.

BESANÇON OU LE PAYS DES MONTRES

Venue de Suisse, la montre fut introduite à Besançon en 1793 où sa fabrication en série prit rapidement des allures industrielles avec Mégevand, ouvrant dans la capitale comtoise une manufacture, tandis que le travail à domicile se développait de manière considérable, activité qui perdura jusqu'aux années 1950. En 1880, 30 % des bisontins vivaient de l'horlogerie, fabriquant des montres à une cadence de deux-cent-cinquante-mille par an, lui conférant le titre de capitale française dans ce secteur. Détenant près de 90 % du marché national dans la réalisation de montres en or et argent, les articles en métaux moins nobles étant fort peu prisés à cette époque, Besançon crée dans le même temps une école d'horlogerie (Jules Haag) dont le renom s'étend par delà les frontières. L'horlogerie comtoise connut son apogée à la fin du XIXe siècle mais continua jusque dans les années 1970 à être la référence nationale, réunissant 95 % de la production de l'hexagone. La concurrence asiatique fit les ravages que l'on sait et chacun garde en mémoire la grande crise qui secoua l'usine Lip, à Besançon, dès 1973.

La citadelle du côté de son entrée, avec au fond la tour du Roi, qui surplombe le quartier Rivotte.

LA CITADELLE

Sans aucun doute le fleuron de Besançon, la Citadelle est aussi le monument le plus visité de Franche-Comté avec plus de deux-cent-mille visiteurs annuels. Il faut dire que Sébastien le Prestre de Vauban n'a pas ménagé ses effets pour en faire cette puissante forteresse. Génial ingénieur de Louis XIV, il commence les travaux de fortification de la colline Saint-Etienne en 1668. La Franche-Comté étant rendue à l'Espagne, les ibères poursuivent l'œuvre commencée. En 1674, la seconde conquête rend Besançon à la France.

Vauban reprend ses travaux et restaure le front Royal et le front de Secours. Il fait édifier la chapelle, des casernements, l'arsenal, et fait creuser un puits de 132 mètres dans la cour ouest. Il bâtit le front Saint-Etienne (le premier quand on arrive à la citadelle) à l'emplacement de la cathédrale éponyme, détruite pendant la reconquête, le protège par un fossé avec pont-levis surmonté d'une demi-lune à deux étages de feux. Guérites, bastions, chemin de ronde voient le jour ainsi que des murailles hautes de près de vingt mètres et larges de six, flanquées d'échauguettes et de deux tours : celle du Roi (côté Rivotte) et celle de la Reine (côté Tarragnoz). Chef-d'œuvre de Vauban, elle est aussi un monument de l'architecture militaire du XVIIe siècle.

Si elle abrita une école de Cadets et plusieurs prisonniers sous la Révolution, son rôle dissuasif porta sans conteste ses fruits car elle connut peu d'épisodes guerriers, hormis pendant la triste période nazie où une centaine de maquisards y furent exécutés.

Rachetée par la municipalité en 1958, elle est depuis devenue un haut lieu culturel et de loisirs qui s'étend sur onze hectares. À l'Espace Vauban, aux salles d'astronomie et de météorologie s'ajoutent plusieurs musées installés dans les divers bâtiments, dont celui de la Résistance et de la Déportation, considéré comme le plus riche de France voire d'Europe. Tout au long de ses vingt deux salles et grâce aux photos, journaux et affiches d'époque, sculptures et peintures réalisées par des déportés, le souvenir de ces années tragiques résonne encore en ses murs.

La première entrée du site, où l'on peut accéder par petit train.

L'aquarium à ciel ouvert où les visiteurs peuvent toucher les poissons.

LA CITADELLE

Au musée Comtois, le premier à s'être implanté à la citadelle en 1960, la vie rurale d'autrefois y est retracée à travers des outils et des objets quotidiens, de même que l'art populaire ou encore l'artisanat.

Aux collections naturalisées du Muséum d'histoire naturelle, dont le bestiaire remonte pour certaines pièces au XIXe siècle s'ajoute un large panel d'animaux vivants. Ainsi, l'aquarium aux bassins panoramiques recrée dans des milieux réalistes la vie des poissons régionaux, tandis que la cour extérieure présente plusieurs bassins à ciel ouvert où certaines espèces peuvent être touchées voire nourries par le visiteur.

La collection d'arthropodes (insectes, mygales etc.) de l'insectarium est la plus grosse collection publique d'invertébrés terrestres vivants de France. Quant au noctarium, il présente les animaux de mœurs nocturnes, visibles au public grâce à des lumières appropriées. S'y ébattent mulots et autres rats d'égout…

Enfin, le parc zoologique, avec 300 animaux représentant une cinquantaine d'espèces qui occupent les fossés du front de Secours (le plus éloigné des trois fronts par rapport à l'entrée) mais aussi sa *« p'tite ferme »* où les enfants peuvent approcher de près les animaux de basse-cour, est incontestablement l'attraction qui rallie le plus de monde.

La tour de la Reine veille du côté du faubourg Tarragnoz.

Le parc zoologique, installé dans les fossés du front de Secours regroupe trois cents animaux.

« Les nuits de la citadelle » : un grand succès estival.

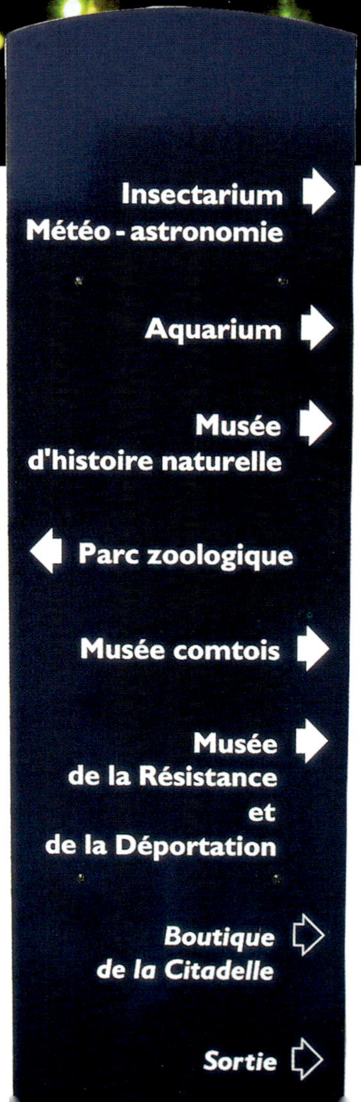

Spectacle grandiose la nuit tombée où l'on a un aperçu de l'ampleur de la citadelle, qui couvre onze hectares.

Le musée d'histoire naturelle dont certaines collections datent du XIXe siècle.

Plusieurs salles sont consacrées à Vauban, à qui la citadelle doit la majeure partie de son architecture actuelle.

Nancray, musée à ciel ouvert

Implanté à une quinzaine de kilomètres de Besançon sur la D 464, la petite commune de Nancray a acquis une réputation certaine grâce à un musée pour le moins original constitué de maisons démontées pierre par pierre dans leur lieu d'origine et reconstituées. Ce Musée de plein air des maisons comtoises doit beaucoup à l'abbé Jean Garneret, passionné de patrimoine local, qui commença une collecte d'objets ruraux dès les années 30 avant d'œuvrer sans compter à l'ouverture du musée Comtois de la Citadelle puis à celle de Nancray en 1983. Fondateur de l'association du Folklore Comtois qui compte aujourd'hui plus de mille membres, l'abbé Garneret est une figure locale, dont la devise résume toute sa vie : *« rendre au peuple son butin »*…

Nancray est aujourd'hui constitué de vingt-six maisons séculaires - la plus ancienne ayant près de 300 ans -, patiemment glanées des Vosges saônoises en terre bressane, du haut-Doubs au territoire de Belfort. Le but premier est bien sûr de sauver de la ruine les maisons d'antan, les greniers-fort ou les soues à cochon mais

L'abbé Jean Garneret, fondateur du musée de Nancray.

Chaque automne, la Foire aux végétaux cultivés est le point d'orgue des animations de Nancray.

Des moissons à l'ancienne retracent les conditions de vie d'autrefois.

Surmontée de son tuyé, la maison des Arces de Morteau date de 1784.

Meubles d'époque et lourds tissus anciens : chaque intérieur est reconstitué avec soin.

Les maisons à colombages de Joncherey proviennent du Territoire de Belfort.

aussi de sauvegarder un patrimoine rural illustrant les conditions de vie de nos ancêtres. Réussir ce considérable pari a nécessité des années d'études, de croquis, de plans et photos. Chaque pierre, chaque poutre, chaque morceau de charpente est consciencieusement numéroté avant d'être démonté puis amené à Nancray où l'équipe technique du musée fait des miracles dans la reconstitution.

La gageure fut aussi de donner une âme à ce village à nul autre pareil, car les maisons ne sont pas simplement posées là en l'état. L'intérieur est reconstitué dans les moindres détails, depuis le parquet ciré jusqu'au four à pain en passant par les tableaux et le berceau du dernier-né. Dans la grange de Boron, en provenance du territoire de Belfort, la charrue semble attendre le retour du paysan, tandis que le potager de la ferme des Arces (originaire de Morteau) soigneusement entretenu, éclate de mille senteurs sous le soleil d'été.

Les prés environnants résonnent des cloches de quelques montbéliardes, qui pâturent non loin de chevaux comtois… Le temps semble s'être arrêté.

Pour ajouter encore à l'ambiance, le musée organise des journées à thème : le cordonnier travaille non loin de la fileuse ou du sabotier, en costumes d'époque. Le cadre se prêtant admirablement à la reconstitution de fêtes d'autrefois, plusieurs manifestations s'y déroulent autour du terroir régional : danses folkloriques, cuisson du pain, récolte du miel… Le clou de ces animations est sans conteste la Foire aux végétaux cultivés, où le temps d'un week-end d'automne, des milliers de visiteurs s'égayent dans les allées, à la découverte d'espèces végétales plus ou moins rares. Les étals de pommes anciennes y côtoient les cucurbitacées et la cinquantaine d'artisans, horticulteurs et maraîchers n'hésitent pas à donner des conseils de culture et autres greffes.

Rare témoignage de l'époque romane avec l'église de Leugney.

La vallée de l'Audeux

En poursuivant sur les premiers plateaux, le paysage se vallonne davantage pour devenir plus encaissé à l'approche de l'abbaye de la Grâce-Dieu, située à Chaux-les-Passavant, dans la petite vallée de l'Audeux. Fondée en 1139 par des moines de l'ordre cistercien, l'abbaye fut richement dotée lors de sa création. Endommagée par les guerres, elle ne sera restaurée qu'au XVIIIe siècle avant d'être vendue pendant la Révolution… où les nouveaux citoyens eurent la curieuse idée de bâtir un haut-fourneau dans la chapelle. La Grâce-Dieu fut heureusement réhabilitée au milieu du XIXe siècle par les cisterciens qui purent la racheter à la République, avant d'être habitée depuis 1927 par des religieuses bernardines, elles aussi affiliées à l'ordre cistercien. L'église du XIIe siècle dont la nef est d'origine ainsi qu'une partie du couvent et des bâtiments conventuels peuvent se visiter.

Sur la même commune se trouve une curiosité du département, la grotte de la Glacière. L'ouverture de ce gouffre, située plein nord, amenait en hiver sa dose d'air glacé dans la grotte, profonde de soixante mètres. Allié à l'eau dégoûtant des parois, des piliers de glace s'étaient constitués autrefois et perduraient même en été. Le réchauffement de la planète y étant sans doute pour quelque chose, la Glacière ne conserve plus désormais de ce phénomène que le nom… Néanmoins, la visite est intéressante, un jeu de lumières mettant en valeur les marmites et concrétions. L'entrée du site abrite une belle collection de minéraux du monde entier constituée de plus de 500 pièces.

Au pays de Pergaud

Avant de parvenir sur la terre natale de Pergaud, marquant à 600 mètres le début des seconds plateaux, un passage par le petit hameau de Leugney, sur la D19, permet d'admirer une remarquable église rurale dont le clocher date du XIIe siècle et qui constitue un des rares témoignages de l'art roman dans la région.

À quelques kilomètres, Belmont, village natal de Louis Pergaud (voir encadré) a rendu hommage au grand écrivain : on a créé dans l'ancien presbytère la « *Maison Pergaud* » où une salle de classe 1900 reconstituée, voisine avec des objets et documents ayant appartenus à l'écrivain instituteur… sans oublier une petite collection d'animaux empaillés qui rappellent combien Pergaud était un maître dans la description de leurs mœurs.

L'abbaye de la Grâce-Dieu, à Chaux-les-Passavant.

NÉ ICI :

Louis Pergaud,
Belmont 1882 – La Meuse 1915

Fils de l'instituteur du village, Louis Pergaud est d'ailleurs né dans l'enceinte de l'école de Belmont le 22 janvier 1882. Il suivra ses parents dans plusieurs villages du Doubs au hasard des mutations de son père. Elève de l'Ecole Normale de Besançon, il devient à son tour instituteur à dix-neuf ans, à Durnes puis à Landresse où il commence sérieusement à caresser la plume. Débarqué à Paris en 1907, il publie un recueil de poèmes à compte d'auteur dès l'année suivante, *L'herbe d'avril*. S'il se cherche encore en matière d'écriture, ses immenses aptitudes à décrire la vie champêtre, les paysages de nos campagnes, et par dessus tout les histoires animalières explosent littéralement dès l'ouvrage suivant. *De Goupil à Margot* rafle le prix Goncourt en 1910, coiffant sur le poteau la favorite, Marguerite Audoux, mais aussi Guillaume Apollinaire ou Colette… Il a vingt-huit ans. Suivront *La revanche du corbeau*, *La guerre des boutons*, *Le roman de Miraut* avant que la grande guerre ne fasse son œuvre et ne l'empêche de poursuivre la sienne, qui aurait sans nul doute été immense. Louis Pergaud disparut une nuit d'avril 1915 pendant la bataille de la Meuse. Son corps ne fut jamais retrouvé.

La maison natale de l'écrivain Louis Pergaud, à Belmont.

De Loray à Mamirolle

La fin des premiers plateaux marque aussi celle du pays « *de crêts en vals* », coincé entre la vallée du Dessoubre, dont le paysage devient plus encaissé, et limitrophe à la République du Saugeais. Le petit village de Loray se signale par une rare fontaine circulaire, où les lavandières venaient autrefois faire « leur ouvrage » sous l'abri couvert.

Orchamps-Vennes, la commune suivante, se distingue par les statues en terre crue de son étonnant chemin de croix. Réalisées par Gabriel Saury en 1949, elles furent retirées de l'église durant quinze ans par décision du Saint-Office, choqué par trop de réalisme dans les œuvres du sculpteur.

En revenant vers la capitale comtoise, le gouffre de Poudrey est une autre curiosité karstique de la région. Avec ses 600 mètres de circonférence et ses soixante mètres de haut, cette immense grotte découverte en 1889 est assez vaste pour contenir, dit-on, Notre-Dame de Paris. Elle est en tout cas parfaitement mise en valeur par un spectacle son et lumière qui relate la légende du gouffre et colore joliment les concrétions et dolines.

Guy Vauthier, propriétaire des lieux est aussi à l'origine de la création de Dino-zoo, à quelques kilomètres de là, sur la commune de Charbonnières-les-Sapins. Ce parc animalier préhistorique présente grandeur nature quelques dizaines de dinosaures, depuis le plathéosaurus, spécimen typiquement franc-comtois, en passant par le terrible tyrannosaure et autre diplodocus. Plus vrais que nature, ils sont intégrés à un environnement végétal reconstitué et s'ébattent le long d'un circuit aménagé qui fait la joie des plus petits.

De tradition agricole, le petit village de Trépot a transformé la fruitière du village, qui fonctionna jusqu'en 1977 en un musée de la fromagerie. Fort bien reconstitué, l'atelier de fabrication du comté semble attendre le fromager avec ses cuves en cuivre rouge, son pressoir et ses bouilles de lait.

Mais ce genre d'endroit est bien dévolu à nous rappeler des méthodes aujourd'hui disparues si l'on s'en réfère à un haut lieu de la culture fromagère, implanté à quelques kilomètres de là.

C'est à Mamirolle que siège en effet l'Ecole Nationale d'Industrie Laitière (ENIL) fondée en 1889. Avec près de 300 étudiants (la moitié venant d'autres régions) chaque année, quatre-vingt employés, plusieurs laboratoires de chimie, de microbiologie, voire de technologie, l'ENIL est une étape incontournable de toute formation sérieuse au métier de fromager, mais aussi à tout ce qui touche la transformation du lait. L'ENIL s'appuie par ailleurs sur la Halle des technologies laitières et alimentaires (HTLA) qui accueille un bon millier de visiteurs tous les ans, transforme le lait des communes avoisinantes et fabrique plusieurs fromages, dont le mamirolle, né *« au village »* en 1935. Cette sorte de saint-Paulin fut inventé par l'ENIL pour approvisionner les cantines de façon pratique, d'où son petit format et sa forme rectangulaire.

Dino-zoo ou le retour des dinosaures… grandeur nature.

Le « mamirolle », un fromage inventé par l'Ecole nationale d'industrie laitière (ENIL).

Les vallées de la Loue et du Lison

Quingey veille sur une portion dite de la « moyenne Loue ».

LA VALLÉE DE LA LOUE

RÉSUMER en quelques pages tout le charme et les trésors de la vallée de la Loue, saluée par certains guides comme « *la plus belle de France* » n'est pas une mince affaire, voire une gageure.

Suivant la logique de la rivière, il convient d'aller voir à sa source la reine des rivières, chantée par les poètes et prisée par les pêcheurs pour qui taquiner la truite dans les méandres de ses eaux transparentes, est la suprême récompense.

Perchée au-dessus des falaises de Mouthier-Haute-Pierre, sur la commune de Ouhans, la source de la Loue ne se laissera admirer qu'après une petite promenade d'un demi-kilomètre sur un sentier pentu (au retour !). La source, ou plutôt la résurgence, car la Loue est fille du Doubs, cascade à une allure de 14 m^3 par seconde à la sortie d'un porche rocheux de plus de trente mètres de haut et dont la profondeur atteint soixante mètres. C'est ici ce qu'on nomme un « *bout du monde* », ou encore reculée, des appellations qui parlent d'elles-mêmes. Des barrières permettent d'aller voir au plus près le jaillissement des eaux. Sur un promontoire, l'un des tableaux du circuit « *Empreintes* » (voir Ornans page 144), dédié à Gustave Courbet, rappelle que le grand peintre vint à maintes reprises y planter son chevalet.

Après la source, la Loue dévale dans le canyon des gorges de Noailles, avec une furie telle que les anciens la surnommaient la « *Louve* ». Son nom actuel viendrait de là. On comprend mieux que ce site tout en entailles où l'eau noire serpente entre des gorges profondes de 400 mètres ait donné naissance à la légende de la Vouivre. Le fabuleux serpent chanté par Marcel Aymé (mais aussi dans toute la Franche-Comté, dans le Jura Suisse, en Alsace) paré d'une escarboucle, hanterait les lieux de toute éternité, n'abandonnant son énorme rubis que le temps d'une baignade. Bien des malheureux ayant tenté de le lui dérober ne furent jamais retrouvés...

Des balcons sur la vallée

Au-dessus d'Ouhans, le Rocher du Moine surplombe à 882 mètres toute la haute vallée. Le

LA LOUE À L'ABSINTHE...

Jusqu'à un beau jour d'été 1901, les liens souterrains entre le Doubs et la Loue n'étaient que suppositions Le 25 août de cette année-là, les usines Pernot de Pontarlier furent ravagées par un incendie. La distillerie étant implantée en bordure du Doubs, un million d'hectolitres de « *fée verte* » fut déversé dans la rivière pour le plus grand bonheur des habitants de la vallée de la Loue, qui trouvèrent deux jours plus tard leur chère rivière parfumée à l'absinthe !

La source de la Loue étant à dix kilomètres du Doubs, dont le cours supérieur passe 250 mètres plus haut, ce dernier déverse en fait ses pertes en aval de Pontarlier, nourrissant sa fille par un lent travail souterrain... comme toute bonne mère !

La Loue, à quelques mètres de l'immense porche d'où jaillit la source.

La roche de Hautepierre.

La vallée de la Loue depuis le belvédère du Moine.

spectacle est saisissant. Juste en bas, les bâtisses de Mouthier semblent maisonnettes à cette hauteur, blotties autour du clocher dont la flèche pointue s'élance vers le ciel. Plus loin, minuscule, c'est Lods, puis Vuillafans, Montgesoye et Ornans. Par temps clair, la vision s'étend par delà les montagnes verdoyantes, jusqu'aux Vosges voire jusqu'aux Alpes. L'on devine aussi le serpentin de la rivière, coincé dans les gorges de Noailles, cette Loue qui fut autrefois le centre nerveux de la vallée, puisqu'une foule d'usines vivaient sur ses rives : moulins, clouteries, tanneries, tuileries et forges. Aujourd'hui friches industrielles pour la plupart, il en reste quelques vestiges au long de ses berges.

En redescendant via Mouthier-Haute-Pierre, une halte permettra de découvrir la source du Pontet, résurgence de la Loue qui s'échappe d'une anfractuosité et, distante d'une trentaine de mètres, la grotte des Faux-Monnayeurs, dont on chuchote qu'ils fabriquaient là de (fausses !) pièces d'argent au XVIIIe siècle. Encore un arrêt pour apprécier d'un peu plus bas (trois-cent-cinquante mètres quand même), depuis le point de vue de Renédale, les bourgs qui ont repris taille humaine à cette hauteur.

Mouthier, dernier village de la haute vallée.

Mouthier est le dernier village de la haute vallée : de son ancienne abbaye bénédictine dont le prieuré anima la commune durant des siècles, il ne reste que la maison prieurale rebâtie par le cardinal de Granvelle. Les ruelles tortueuses ont gardé bien des empreintes du XVIe siècle, sur les façades des maisons ou encore dans l'église Saint-Laurent, qui bénéficia également des largesses du cardinal de Granvelle. Outre le retable et la chaire du XVIIIe siècle joliment décorés, de belles statues y figurent parmi lesquelles une Vierge noire du XVe siècle et celle de Saint Vernier, patron des vignerons.

Symbole de la vallée jusqu'aux traîtresses attaques du phylloxéra, la vigne fit en effet les beaux jours de toute la haute-Loue dont elle colonisait les coteaux d'Ornans jusqu'à Mouthier, donnant un honnête poulsard. La maladie attaqua les sarments qui n'y résistèrent pas et l'on cessa de produire du vin à la fin de la seconde guerre mondiale, hormis à Vuillafans qui en conserva toujours quelques plans. Depuis une dizaine d'années, l'association Ruranim, implantée sur place a d'ailleurs repris le flambeau et tente de relancer sur une dizaine d'hectares une activité qui en couvrait autrefois mille !

Mouthier, cependant, garde une spécificité locale avec la distillerie de la Marsotte, qui produit le kirsch du même nom, à base de minuscules cerises très noires (les marsottes), dont les arbres parsèment les flancs de la commune. Un joli spectacle au printemps que ces centaines d'arbres couverts de fleurs blanches, que l'on pourra admirer depuis un autre panorama splendide, celui de Hautepierre, au-dessus du village, où l'on accède par la petite commune de Hautepierre-le-Châtelet.

On atteint Lods, un des plus jolis villages de France, par une route qui fait son chemin en suivant la Loue, omniprésente. Le paysage est somptueux, coincé entre la falaise et la rivière d'un vert foncé… mais néanmoins transparent.

Lods semble agrippé à la falaise. Les maisons vigneronnes des XVIe et XVIIe siècles bordent de vieilles ruelles : l'une d'elles, datant de 1570, abrite d'ailleurs un musée de la vigne et du vin. Il reste une arche du pont datant de l'époque médiévale qui s'accroche sur un barrage de la rivière. Car la Loue se casse fréquemment par ici, formant des marches plus ou moins hautes dans le cours d'eau, semblant s'aplatir pour cascader de nouveau quelques mètres plus bas. Le village a d'ailleurs profité de la force de la rivière pour installer sur ses rives deux microcentrales hydrauliques.

Le point de vue de Mouthier-Hautepierre, sur la vallée et au-delà.

Panorama sur Lods depuis le belvédère du Moine.

Mais ce sont aussi les canoës et kayaks qui ont su trouver en ses eaux le bonheur de voyager hors des sentiers battus. Image éculée ? Certes pas quand on a testé de la pagaie au milieu de son cours émeraude, cerné par une nature encore intacte, où les branches des saules et noisetiers se ploient sur ses berges, frôlant l'embarcation dans un ultime salut, tandis qu'un peu partout, des bouquets de pétasités (que l'on appelle des *« dreux »* par ici), une plante qui ressemble à la rhubarbe et dont la tige peut atteindre deux mètres, semblent surveiller la rivière. Plusieurs clubs louent les embarcations et accompagnent les canoéistes de Vuillafans à Ornans via Cléron.

Car si la Loue n'est pas dangereuse dans sa partie navigable, puisque classée I-II sur tout son parcours en aval des gorges de Noailles (classées V, sachant par exemple qu'une classe VI s'adresse à des champions...), mieux vaut être encadré pour éviter de *« boire le bouillon »* en franchissant mal un barrage, d'autant que la pratique du canoë-kayak sur la Loue est réglementée (dates et horaires précis, points d'embarquements référencés ; se renseigner à l'office de tourisme d'Ornans).

Si la Loue est vive dans ses vingt premiers kilomètres, elle commence à s'assagir à Vuillafans, mais développe encore assez d'énergie pour alimenter la roue du moulin qui marque l'entrée du village, quand on est sur la rivière. Restauré il y a quelques années, le moulin Roy à aubes pendantes est le dernier en fonctionnement dans la vallée. Les maisons bourgeoises de Vuillafans, le vieux pont du XVe siècle ou encore la porte Renaissance admirablement sculptée de la demeure de Balthazar Gérard (assassin du prince Guillaume d'Orange en 1584) font de ce village l'un des plus jolis de la vallée. Sur les collines qui le cernent subsistent les ruines du château médiéval millénaire de Châteauvieux-les-Fossés, un beau vestige - ceint des remparts d'origine - relevant du domaine privé. Il ne se visite pas, seuls les cinq habitants de la commune (la plus petite du département) peuvent, étant sur place, l'admirer à loisir.

La vallée commence à s'élargir à Montgesoye, où l'on peut visiter un petit musée du Costume comtois, dont les mannequins soigneusement vêtus reconstituent parfaitement des scènes de la vie quotidienne d'antan. Tout en longueur et sur deux niveaux (la *« ville haute »* et *« la ville basse »* pour les habitants), Montgesoye abrite de très nombreuses fontaines.

Lods, considéré comme l'un des plus beaux villages de France.

Ornans, la perle

L'arrivée à Ornans est marquée sur la droite par une muraille de rochers. Mais il faut entrer dans la ville – car, même petite, avec quatre-mille habitants, c'est la seule « ville » de la vallée – pour comprendre toute la magie de cette petite capitale. C'est depuis le pont principal que se dévoile son charme, avec sur les deux rives, ses maisons en encorbellement qui baignent la Loue. Ce particularisme des « pieds dans l'eau » lui a valu le surnom de « petite Venise comtoise ».

On appréciera aussi Ornans vue d'en haut, depuis le promontoire du château féodal détruit en 1674 par Louis XIV, sur la roche qui surplombe toute la cité. Car les collines qui ceignent la ville sont barrées de plusieurs hautes falaises calcaires que ne dédaignent pas les amateurs d'escalade qui s'attaquent aux parois avec délices. Si la roche du Mont, la roche d'Hully, la roche Bottine ou la roche du Grand lui font une belle parure, une visite au cœur de la cité apportera d'autres plaisirs visuels.

Si belle en son miroir, Ornans l'est aussi dans ses rues pittoresques, avec les arcades de l'hôtel de ville, le monastère de la Visitation, l'hôpital ou encore la quinzaine d'hôtels particuliers des XVIe au XVIIIe siècles, comme le bel hôtel Sanderret de Valonne (XVIIe s.) ou celui de Grospain (XVe s.) rappelant que la cité connut l'opulence et la présence de grands bourgeois, tentés de s'installer là grâce au renom d'une figure locale : le chancelier de Granvelle, né à Ornans en 1486. Homme érudit et influent (la cité fut siège de bailliage royal jusqu'à la Révolution), père du cardinal, dont la statue trône à deux pas du très vieux pont de Nahin, ce collectionneur épris de l'art Renaissance, fit preuve de grandes largesses pour sa ville natale.

L'église Saint-Laurent, qui vit le jour au XIIe siècle, connut d'innombrables dommages et fut quasiment reconstruite au XVIe siècle grâce à la famille Granvelle. De son style roman originel ne subsistent qu'un morceau de la tour et le clocher aux baies géminées. Couverte d'un dôme au XVIIIe siècle, elle possède également de belles décorations et un mobilier du XVIIe siècle, dû essentiellement à des artistes comtois, ainsi qu'un splendide reliquaire (XVIe siècle) de Saint-Laurent en cuivre argenté. Le tombeau des parents du chancelier occupe toujours l'un des bas-côtés de l'église.

Dans le cimetière attenant, une petite tombe porte simplement la mention : « G. Courbet, peintre », rappelant que le plus célèbre enfant du pays est né ici (voir page 147). Sa dépouille ne fut ramenée dans la commune qu'en 1919, quarante-deux ans après sa mort. Le musée qui porte son nom est installé dans sa maison natale, sur les berges de la Loue.

Une soixantaine de tableaux du maître y figurent (c'est la plus grande collection de Courbet rassemblée en un seul lieu) parmi lesquels l'émouvant Autoportrait de sainte-Pélagie ou le Portrait de jeune fille d'Ornans. Son atelier a été reconstitué dans le grenier, dans une chambre se trouve encore son berceau. Plusieurs objets lui ayant appartenus, considérés aujour-

Les maisons baignées par la Loue, symbole d'Ornans.

d'hui comme d'inestimables souvenirs, y sont exposés : sa pipe, sa palette, des lettres y voisinent avec son masque mortuaire.

Pour faire pendant à ce musée, un circuit baptisé « *Empreintes* », présente en sept étapes les œuvres de Courbet installées dans la nature, disposées pour la plupart en face du site peint par l'artiste. Cette pérégrination permet de suivre Courbet à la trace, le long des sites qui l'inspirèrent, de la source, à Ouhans pour s'achever à Cléron avec le très beau Scènes de halage, datant de 1863. Une balade qui permet de réaliser que le maître du réalisme ne peignit jamais que des paysages, des animaux ou des hommes, mais jamais de toiles figurant l'architecture, ou alors noyée dans un flot de verdure, comme dans Le château d'Ornans, dont la reproduction est installée en contrebas du promontoire qui domine la ville.

Si Ornans est patrie, pour le monde entier, de Gustave Courbet, elle fut aussi terre natale de Pierre Vernier, l'inventeur du pied à coulisse, du peintre Roland Gaudillière ou encore de l'écrivain Raymond Vuillemin, détenteur d'un record de l'édition régionale, battant même le grand Louis Pergaud avec son ouvrage *La chasse aux doryphores*.

Royaume de la pêche

Une maison, implantée à deux pas de la Loue, abrite la Maison nationale de l'eau et de la pêche, rappelant qu'Ornans et la Loue figurent parmi les sites les plus réputés chez les pêcheurs de France et de Navarre. C'est ici le fameux royaume des truites, zébrées ou farios, et si elles abondent (mais tout de même pas autant qu'on voudrait bien le faire croire) dans les eaux claires, les touristes sont souvent dépités après quelques jours de rentrer « *bredouilles* ». S'ils sont nombreux à venir tâter du fouet par ici, le précieux salmonidé ne se donnera cependant qu'aux plus habiles, et plutôt au printemps qu'en plein été, où les eaux basses et moins fraîches, l'intense fréquentation des berges le rende d'autant plus méfiant.

Les eaux limpides de la Loue, classées en catégorie I sur l'ensemble de son parcours, lui sont un refuge exclusif du côté de la source, de Ouhans jusqu'à Mouthier-Haute-Pierre, dans les fameuses gorges de Noailles, où la rivière est encore impétueuse. Elle s'assagit ensuite jusqu'au pont de Maizières (commune de Scey-en-Varais), les ombres y côtoient dès lors les truites, le long des vingt kilomètres que constitue ce qu'il est convenu d'appeler la « *haute-Loue* » : la rivière y est cependant fantasque et les courants vifs alternent avec les eaux calmes.

Si l'essentiel de la Loue, dans cette partie, est ouverte librement à la pêche (contre rétribution… carte de pêche obligatoire, se renseigner à l'office de tourisme local ou à la Maison de la pêche à Ornans), les parcours privés sont ensuite foison dans la « *moyenne loue* », qui s'achève à Cléron.

Ornans est indissociable de la Loue, où les truites sont inlassablement traquées par les pêcheurs.

Le calme paysage du miroir de Scey.

Clouteries, taillanderies et moulins colonisaient les berges de la Loue au XIXe siècle.

La moyenne Loue

Le paysage continue de se mirer dans la Loue en suivant la D9 via Scey-en-Varais où se trouve le très beau « *miroir de Scey* ». La rivière, particulièrement calme dans cette portion, reflète admirablement dans l'une de ses courbes tout le paysage. Perchées au dessus de cette petite commune aux belles maisons abondamment fleuries, les ruines du Castel-Saint-Denis, château médiéval démantelé au XVIIe siècle, rappellent qu'il fut jadis une puissante forteresse, ceinte de grosses murailles.

L'arrivée à Cléron, par l'eau en canoë, ou par la route, est proprement éblouissante. L'imposant château qui trône là, admirablement entretenu, semble comme jadis surveiller le gué de la rivière, principale route du sel à cette

époque. Bâti en 1320, il fut plusieurs fois incendié, remanié au XVIe siècle et agrandi au XVIIIe siècle. Donjons, tours d'angles, mâchicoulis et meurtrières témoignent du système défensif du XIVe siècle. Un superbe escalier à vis, de monumentales cheminées, un parc soigneusement arboré abritant un kiosque en bois sculpté du XVIIIe siècle ajoutent encore à l'intérêt de la visite, qui s'effectue exclusivement durant l'été.

La bourgade est aussi ville natale... d'un fromage à pâte molle au goût d'épicéa. Devenu réputé, l'Edel de Cléron, a vu le jour ici il y a bientôt vingt ans, dans la fromagerie Perrin, qui depuis, ne cesse d'innover, avec l'ouverture en l'an 2000 du Hameau du fromage. Ce lieu unique implanté dans la zone artisanale, présente dans plusieurs salles la tradition fromagère comtoise, depuis la fabrication du Morbier en passant pas la reconstitution de scènes des fruitières d'antan, le tout émaillé de films et diaporamas, objets anciens, s'achevant par une dégustation de fromages et vins d'Arbois.

À quelques lieues, le village d'Amondans offre le cadre raffiné de son château à la famille Médigue, où Frédéric et son épouse Pascale officient au fourneau et en salle. Etoilé par le guide Michelin depuis 1999, le château d'Amondans connaît désormais un juste renom. Avant cette récompense, Frédéric Médigue, qui fit ses classes au Negresco à Nice puis à Osaka, où il ouvrit son premier restaurant, eut l'heureuse idée, rentré en France, de créer à Amondans une école hôtelière. Uniquement destinée aux étudiants japonais, férus de cuisine française, l'école en accueillit un bon millier avant que le maître des lieux ne décide de se consacrer uniquement à sa cuisine. Ainsi naquit le restaurant, pour le plus grand bonheur des gourmets, qui viennent y déguster les spécialités que sont « la volaille de Bresse en pot feuilleté » ou « le rognon aux échalotes ».

L'imposante silhouette du château de Cléron, veillant sur le gué de la rivière.

La maison natale du peintre, à Ornans, devenu musée en 1971.

La stèle toute simple de Courbet, dont la dépouille ne fut ramenée dans son village qu'en 1919.

L'une des toiles in situ du circuit « Empreintes », *ici le château d'Ornans.*

NÉ ICI :

Gustave Courbet (1819-1877), le peintre mal-aimé

« Pour peindre un pays, il faut le connaître. Moi, je connais mon pays, je le peins. Ces sous-bois, c'est chez moi, cette rivière, c'est la Loue, celle-ci, c'est le Lison ; ces rochers, ce sont ceux d'Ornans et du Puits Noir. Allez-y voir, vous reconnaîtrez tous mes tableaux ». Ces mots de Gustave Courbet, né à Ornans en 1819, montrent à quel point il aima *« son pays »*, qui pourtant ne le lui rendit guère. Certes, les querelles et les rancœurs sont finies, sa maison natale, sur les berges de la Loue, est devenue un musée en 1971 grâce à l'acharnement de La société des amis de Courbet, la petite place qui porte son nom s'orne d'une de ses statues : *Le pêcheur de chavots*.

Mais avant cela ! La rupture fut consommée entre Courbet et son village dès la présentation au Salon 1850-51 à Paris de *L'enterrement à Ornans*. Cette immense toile, accrochée désormais au musée d'Orsay, avait le mauvais goût de montrer des Ornanais… et de quelle façon ! La Chronique de Paris salua la toile par ces mots : *« Oh ! les laides gens ! et quel peuple ! et quand on est fait comme cela, que l'on devrait au moins avoir le droit de ne pas se faire peindre ! »*

Dès lors qualifié de *« maître du réalisme »*, on lui reprocha de peindre le *« laid »*. Sa forte personnalité, ses idées socialisantes le mirent au ban de la bonne société d'Ornans, où il revenait pourtant chaque été, trouvant dans sa ville natale et dans la vallée une source constante d'inspiration. Ses tableaux « non engagés », *La femme au perroquet*, *Les dormeuses* (1866) ou ses grandes compositions telles que *L'hallali du cerf* (1867) et *La remise du chevreuil* où il démontre tout son savoir de la nature, lui valent pourtant la reconnaissance de ses pairs et un véritable succès populaire.

Il refuse cependant la Légion d'honneur avant d'être impliqué dans la destruction de la colonne Vendôme en 1871. Dès lors taxé de révolutionnaire, il est condamné à six mois de prison. La fin de sa vie, marquée par les dettes (il doit participer à la reconstruction de la colonne Vendôme), l'oblige à s'exiler en Suisse, où il s'éteint en 1877.

LA VALLÉE DU LISON

Comme sa sœur de la Loue, la vallée du Lison est un havre de verdure et de tranquillité où le temps semble n'avoir pas eu de prise. Les paysages y sont sauvages, les villages peu nombreux disséminés au creux d'étroites vallées cernées de falaises accidentées. Ce secteur est d'ailleurs connu pour être l'un des sites karstiques les plus complets de Franche-Comté : l'eau y a creusé un écheveau de galeries souterraines déployées sur près de trente kilomètres - un record en France -, que les férus de spéléologie se font un plaisir d'essayer de démêler, tandis qu'au-dessus, les fanas d'escalade s'attaquent aux parois, souvent impressionnantes, qui occupent les flancs de Nans-sous-Sainte-Anne (Creux-Billard, Verneau...).

Car l'eau est omniprésente ici et spectaculaire. Pour preuve le spectacle du Lison à sa source, à Nans-sous-Sainte-Anne, où elle jaillit d'une immense voûte. L'effet est majestueux, la vasque où elle s'étale est d'un vert translucide admirable, seul le chant de la source trouble les lieux.

Après celle de la Loue, la source du Lison est la plus puissante résurgence du massif jurassien. Par temps de crue, ses eaux, qui disparaissent quelques kilomètres plus loin, alimentent aussi la résurgence de la grotte Sarrazine, dont le nom rappelle que les habitants de Nans-sous-Sainte-Anne vinrent s'y réfugier lors d'une attaque des Sarrasins. Là aussi, le porche est impressionnant, avec ses quatre-vingt-dix mètres de haut, formant un surplomb d'une trentaine de mètres que ne dédaignent pas les amateurs d'escalade...

Plus loin encore, le travail souterrain de l'eau a développé le Creux-Billard, coincé dans un cirque haut de cinquante mètres, ainsi que la source du Verneau avec son réseau de galeries évoquées ci-dessus.

À Nans-sous-Sainte-Anne

Avec près de 900 habitants, Nans-sous-Sainte-Anne est le plus gros bourg de la petite vallée du Lison. Nichée au bord de l'eau, sa Taillanderie Philibert fut au XIXe siècle l'un des

Le diable du pont du Diable à Crouzet-Migette enjambe le canyon du « petit Lison ».

La Taillanderie de Nans-sous-Sainte-Anne, symbole de l'industrialisation rurale du XIXe siècle

fleurons de la vallée, fabriquant des faux à la cadence de vingt-mille par an. En activité jusqu'en 1969, elle est restée en l'état. Les martinets, la soufflerie en chêne (unique en Europe) et les roues hydrauliques sont remis en fonctionnement le temps d'une visite guidée.

Le village fut le fief d'une bande de gamins en culottes courtes, les Longevernes et les Velrans, rendus célèbres par *La guerre des boutons* de Louis Pergaud, qui passait là des vacances en famille. Nans-sous-Sainte-Anne fut aussi, en son manoir du XVIe siècle, le lieu des amours secrètes de Mirabeau, qui s'évada du château de Joux pour retrouver la jeune marquise de Monnier… qu'il immortalisa plus tard dans *Les Lettres à Sophie*.

Le tracé du Lison, fait de détours et de disparitions souterraines, cerné de ses hautes falaises calcaires s'aperçoit bien depuis l'impressionnant pont du diable, qui surplombe une profonde gorge de la rivière. Bâti à la fin du XIXe siècle (sans doute avec de réelles difficultés, car le site est très encaissé), il tient son nom d'une légende locale, racontant que le diable proposa ses services à l'entrepreneur du pont… contre son âme, avant que l'intervention du curé local ne fît fuir le Malin.

La Route des sapins

Distant de quelques kilomètres, le plateau de Levier marque pourtant une rupture avec sa voisine du Lison. L'air est plus frais, ce n'est pas encore la montagne et pourtant se trouve à partir d'ici ce qui constitue l'une des plus belles sapinières d'Europe, sur un territoire qui couvre dix mille hectares, voisinant avec les forêts de la Joux et de Fresse. Constituée à près de 90 % de sapins, le reste étant d'épicéas, la Route des sapins débute à Levier pour s'achever, quelque

La source du Lison où ses eaux s'étalent dans une large vasque.

cinquante kilomètres plus loin, à Champagnole en terre jurassienne.

Pour s'aiguiller dans cette forêt de sapins, une signalétique précise les points à ne pas manquer, le long d'un parcours qui traverse forêts domaniales et communales. On apercevra ainsi la poignée d'épicéas géants, plantés en 1811 pour saluer la naissance du roi de Rome, fils de Napoléon, ainsi qu'un goulet taillé dans le roc, creusé à Villars-sous-Chalamont par les convois qui empruntaient jadis la route du sel. De nombreuses aires de jeux ont été disséminées sur le parcours, ainsi qu'un arboretum, des sentiers botaniques, un parc d'animaux sauvages au Rondé, une maison forestière du Chevreuil ou encore une réserve de sapins dite de la Glacière. Enfin, les dimensions remarquables des *« sapins présidents »*, rois de ces toisons forestières, ne manqueront pas d'étonner avec une hauteur dépassant les quarante-cinq mètres pour un diamètre de un mètre trente !

Pays de tourbières

Bien que s'étalant à une altitude d'environ 850 mètres, la haute plaine de la Chaux d'Arlier, couvertes de forêts et de prairies, à quelques encablures de Levier, est étrangement plate. Autre curiosité de cette portion de terres avoisinant l'entrée dans le haut-Doubs : la dernière grande glaciation du quaternaire a laissé dans son sillage de nombreux plans d'eau, étangs ou petits lacs. C'est le cas à Frasne avec deux étangs (Frasne et Lucien).

Dans ces zones humides se sont accumulés plusieurs mètres de masse végétale, qui se décomposant partiellement ont formé la tourbe, un conglomérat noirâtre que récoltaient autrefois les villageois pour se chauffer. Ces tourbières sont des milieux très acides, dont le manque de substances nutritives pour les plantes ont donné naissance à de curieuses espèces végétales. C'est le cas de la drosera, l'une des rares plantes carnivores connues en France ou encore du bouleau nain, véritable relique de l'ère glaciaire, visible quant à lui dans la tourbière de Mouthe. Dans ces endroits surprenants que sont les tourbières, dont les paysages aux décors de steppes rappellent tour à tour la taïga ou la toundra sibérienne s'est également réfugiée une faune étrange, tels des criquets sans ailes, des lézards vivipares ou encore des vipères péliade, à la peau noire et brillante.

Ces milieux éminemment fragiles sont pour certains protégés. C'est le cas de la tourbière de Frasne, désormais classée en réserve naturelle. Dans tous les cas, à Mouthe ou à Frasne, on ne saurait trop conseiller de ne pas s'aventurer dans les tourbières hors des sentiers équipés.

Les tourbières de Frasne, qui abritent la drosera, une plante carnivore, ou encore la tourbe, extraite sous forme de brique et mise à sécher.

D'Osselle à Arc-et-Senans, la cité idéale

Motifs de chevrons pour le clocher de Boussières.

PASSÉ Besançon, le Doubs entame ses derniers kilomètres pour rejoindre le Jura voisin, juste après Saint-Vit. Il se promène dès lors d'une allure tranquille, décrivant un nouveau méandre à hauteur d'Avanne avant de filer sur Montferrand, dont le château ruiné pendant la guerre de Dix Ans surplombe d'un à-pic de 150 mètres la vallée du Doubs.

Le clocher de l'église Saint-Etienne, à Boussières, est l'un des rares témoignages dans le département de l'époque romane. Edifiée au XIe siècle, l'église fut remaniée à plusieurs reprises. La tour carrée originelle à cinq étages où s'ouvrent parfois des baies géminées en plein cintre, fut surmontée d'un dôme de tuiles vernissées au XIXe siècle, tandis qu'un avant-porche couvert de laves lui était adjoint au XVIe siècle. Classée monument historique depuis 1913, elle s'ouvre sur une seule nef et abrite un mobilier intéressant du XVIIIe siècle.

Abbans-Dessous possède de belles maisons anciennes attestant du long passé de cette petite commune où se créa au XIIe siècle le prieuré de Lieu-Dieu, dans une clairière surplombant le Doubs. Bien que gravement endommagée par les siècles, la chapelle prieurale est un bel exemple de l'art roman.

Le village d'Abbans-Dessus domine d'un côté la vallée du Doubs, de l'autre celle de la Loue. Son château « *Derrière* » datant de l'époque féodale a subi bien des dommages et ne se visite pas. Dans la cour, la demeure des seigneurs d'Abbans date du XVIIIe siècle et fut résidence du marquis Jouffroy d'Abbans, inventeur du bateau à vapeur (voir chapitre sur Baume-les-Dames).

Outre des sablières aménagées en plan d'eau, Osselle possède avec ses grottes l'une des plus belles curiosités naturelles de la région (voir page suivante). Le Doubs peu après, quittera définitivement le département qui l'a vu naître…

À quelques lieues du Doubs, la Loue est encore là, filant elle aussi en direction du Jura. Dans son parcours dit « *moyen* », elle va baigner la petite ville de Quingey, dont quelques maisons anciennes rappellent son passé de fief seigneurial. Elle se distingue surtout dans l'histoire locale pour avoir vu naître en 1050 Guy de Bourgogne, qui devint le pape Calixte II de 1119 à 1124.

Les ruines du château de Montferrand surplombent la vallée du Doubs.

La Saline royale d'Arc-et-Senans

À l'entrée d'Arc-et-Senans, le château de Roche-sur-Loue est un beau bâtiment rectangulaire qu'encadrent deux grosses tours carrés. Son style classique du XVIIIe siècle s'épanouit dans un parc de trois hectares situé en bordure de rivière, à l'emplacement d'une forteresse féodale du XIIe siècle.

Mais c'est grâce à la spectaculaire Saline royale qu'Arc-et-Senans possède le plus beau monument de l'architecture industrielle.

Ce sont d'abord les hautes colonnes doriques de sa monumentale entrée qui apparaissent au bout d'une longue ligne droite. Anachroniques dans ce cadre de pleine campagne, elles ne donnent pourtant qu'un avant-goût du grandiose ensemble de bâtiments construits à partir de 1775.

C'est Salins-les-Bains qui est à l'origine de la décision de bâtir une saline à Arc-et-Senans. Répandue en Franche-Comté dès le haut Moyen Âge, l'exploitation du sel gemme se développa à Salins au XIIIe siècle. Mais le bois de combustion nécessaire à l'extraction du sel commençant à se raréfier dans les forêts proches, il fallut trouver un autre site susceptible de traiter une partie des eaux salées.

Le Conseil de Louis XV promulgua en 1773 un arrêt ordonnant la construction d'une saline à Arc-et-Senans, choisi en raison de sa faible distance (quinze kilomètres) et de la forêt de Chaux toute proche, source inépuisable de combustibles. Décision fut prise d'y amener sur place les eaux saumâtres de Salins par des canalisations en bois longues de vingt-deux kilomètres.

La cité idéale

C'est Claude-Nicolas Ledoux, architecte du roi Louis XV qui se voit chargé de la conception et de la construction de ce qui n'aurait pu être, sans le génie de ce visionnaire, qu'une grande usine.

Ce fut en fait d'une ville conçue sur un plan circulaire dont rêva Ledoux en cours de réalisation. Dans sa « cité idéale » auraient dû figurer

LES GROTTES D'OSSELLE

Découvertes au XIIIe siècle, les grottes d'Osselle sont visitées depuis le XVIe siècle. Sur un réseau de galeries long de huit kilomètres, 1 300 mètres sont accessibles au public, répartis en quinze salles où se déploient des sculptures naturelles de toute beauté. Stalactites et stalagmites se rejoignent pour former d'immenses colonnes, baignées par endroit de quelques vasques où s'étale une eau translucide. On pense reconnaître dans un amas de concrétions le buste de Louis XVI… Un pont en pierres de taille datant de 1751 enjambe la rivière souterraine et permet de rejoindre la grande salle, savamment illuminée, comme les autres, par un jeu de projecteurs.

La galerie des ours rappelle qu'une des plus importantes nécropoles européennes de ce plantigrade fut découverte ici. Des cavités qui furent aussi le refuge des prêtres réfractaires aux heures les plus noires de la Révolution. Un autel d'argile témoigne de leur foi et du temps qu'ils passèrent cachés sous terre.

Tant de curiosités historiques, préhistoriques et géologiques réunies en un seul lieu ont amené sur place d'illustres personnages tels messieurs Voltaire, Cuvier (père de la paléontologie), Martel (célèbre spéléologue) ou encore Buckland (conservateur du British Museum), qui reconstitua les premiers squelettes d'ours des cavernes.

Une diversité de salles étonnament teintées qui se visitent depuis 1504.

Des colonnes massives marquent l'entrée de la saline Royale d'Arc-et-Senans.

église, bains publics, marché, maison des Plaisirs, maison de l'Union mais aussi « Pacifère » où se seraient retrouvés les ouvriers et leurs familles.

Car le principe d'autarcie inhérent à l'organisation de sa manufacture se devait selon Ledoux, faisant à la fois siennes les idées de Jean-Jacques Rousseau et de son propre siècle, celui des Lumières, d'être à la fois le garant de l'ordre civique tout en ménageant aux ouvriers des lieux de détente (chaque famille posséda ainsi son potager sur les pourtours des bâtiments).

Les travaux s'étalèrent de 1775 à 1779 mais, sans doute pour des raisons financières, seul un demi-cercle de la cité idéale fut finalement réalisé.

Pivot de la saline, la maison du Directeur flanquée de ses bernes où se traitait l'eau salée, domine d'un étage les autres bâtiments. Rappelant symboliquement sa fonction de surveillant, une ouverture, ronde comme un œil, est percée dans le fronton triangulaire qui surmonte six hautes colonnes à tambours, superposant cubes et cylindres. La majesté de la façade n'est pas sans rappeler les temples grecs, bien que Ledoux se soit inspiré de Palladio, bâtisseur italien du XVIe siècle.

Le travail de cette fourmilière géante était parfaitement orchestré, avec rigueur et méthode, à l'image des austères bâtiments voulus par Ledoux. Dans l'impressionnante entrée, où les colonnes précèdent un décor rocailleux imitant une grotte, les deux bâtiments adjacents abritaient les corps de garde, deux cachots, les logements des gardiens, mais aussi un four et un lavoir, l'étage étant réservé à l'aumônier de la saline.

De chaque côté de l'entrée, édifiés à égales distances, quatre bâtiments identiques marquent le pourtour de l'hémicycle. Les deux premiers abritaient les ateliers de la tonnellerie et de la maréchalerie tandis qu'à chaque extrémité, les « *berniers* » abritaient les logements du personnel.

Si de nos jours, on accède à la maison du Directeur par une large allée bordée de pelouse, l'esplanade de la manufacture était, du temps de son activité, exempte de toute verdure. C'était

Le porche d'entrée, dont le décor rappelle celui d'une grotte.

Des « bouches à sel » émaillent les bâtiments, symbolisant la fonction de la saline.

alors « la cour du bois » où s'empilaient soigneusement les troncs d'arbres destinés aux bernes. Les chevaux tractant les résineux n'étaient pas oubliés : deux immenses colonnes ceintes d'abreuvoirs, disparues aujourd'hui, ponctuaient la cour à leur attention.

Dans les longs bâtiments des bernes, on entretenait un feu continuel pour extraire le sel de l'eau saumâtre. Le sel obtenu était piétiné puis stocké dans des tonneaux, avant de partir pour Lausanne et Berne essentiellement.

De chaque côté des bernes - toujours cette rigoureuse symétrie - deux pavillons étaient réservés aux commis, contrôleurs du sel et surveillants de la saline.

Si la maison du Directeur possédait au rez-de-chaussée des cuisines, un four à pain, des bureaux et salles d'audience, l'étage était réservé aux appartements du maître, jouxtant une chapelle. À l'arrière et dans son prolongement se trouvait le bâtiment des écuries.

Un peu partout, des bouches à sel, sortes d'urnes d'où jaillit une sculpture rappelant l'eau pétrifiée ornent les façades des édifices, symbolisant la fonction de la saline.

Quarante mille quintaux de sel furent produits annuellement, au moins dans les débuts d'existence de la manufacture. Mais les conduites en bois s'abîmèrent et le rendement devint décevant. Le charbon remplaça peu à peu le bois de la forêt de Chaux, marquant le déclin définitif de la saline, qui ferma ses portes en 1895.

Jusqu'à l'aube des années 1930, l'édifice se délabre : la foudre s'abat sur la maison du

Patrimoine mondial de l'Unesco

Directeur en 1918, la ravageant partiellement ; peu scrupuleux, le propriétaire de l'époque dynamite sa façade en 1926, pour marquer son refus de voir la saline classée aux monuments historiques. Elle est finalement rachetée par le Département du Doubs en 1927, qui la restaure de fond en comble en 1936. Depuis 1983, les bâtiments sont classés au patrimoine mondial de l'Unesco.

La Saline abrite aujourd'hui l'Institut Claude-Nicolas Ledoux, chargé de l'animation du site, de l'organisation d'expositions et colloques, à caractères culturel ou scientifique. Par

une librairie spécialisée en architecture et urbanisme, mais surtout avec la création du musée Ledoux, l'Institut qui porte son nom a rendu un bel hommage au père de la Saline.

Installées dans le bâtiment de la Tonnellerie, soixante maquettes de résine blanche s'inscrivent dans un univers de bois clair, racontant les réalisations de Ledoux, tels les pavillons d'octroi ceinturant Paris dont ne restent aujourd'hui que quelques échantillons, des hôtels particuliers, le château de Bénouville en Normandie ou encore le théâtre de Besançon, ravagé par un incendie et dont ne reste que la façade.

Les projets rêvés par l'architecte y ont aussi une large place : on y retrouve bien sûr le cercle parfait de la cité idéale d'Arc-et-Senans mais aussi la chapelle sphérique du cimetière de Chaux ou encore la maison des surveillants de la Loue en forme de tuyau, qui installée à la source, aurait laissé s'échapper le flux de la cascade…

Tous les qualificatifs ont accompagné Ledoux : utopiste, visionnaire, avant-gardiste et précurseur de certains urbanistes contemporains. Il eut en tout cas cette parole prémonitoire, à propos de la Saline royale, comme une fenêtre ouverte sur l'avenir : *« Ici, c'est l'art qui développera les ressources des lieux, c'est lui qui préparera l'abondance des siècles à venir »*.

Pivot central de la « cité idéale », la maison du Directeur veillait sur les bâtiments.

Les berniers où étaient logés les ouvriers du sel.

Le premier étage de la maison du Directeur abritait une chapelle

La Saline rend hommage à Ledoux avec un musée de maquettes qui lui est consacré.

L'Institut Claude-Nicolas Ledoux gère désormais ce haut lieu du patrimoine, proposant de nombreuses animations…

CLAUDE-NICOLAS LEDOUX (1736-1806)

Ledoux édifia d'abord plusieurs hôtels particuliers qui témoignent de l'originalité de son talent, dont celui offert par Louis XV à la duchesse du Barry. Très influencé par les thèses philosophiques des Lumières ou encore par Jean-Jacques Rousseau, il tâche de mettre dans ses œuvres les préceptes auxquels il adhère. Devenu architecte du roi, il est nommé inspecteur général des salines de Franche-Comté et de Lorraine, et c'est dans la saline royale, chef-d'œuvre de sa carrière, qu'il put réaliser, en partie, ses projets d'urbanisme industriel.

À son actif figurent des édifices aussi divers que les barrières de Paris, la prison d'Aix-en-Provence ou le château d'Eaubonne. Déchu, il sera emprisonné sous la Révolution, et cessera alors de construire, mourant dans la misère treize ans plus tard.

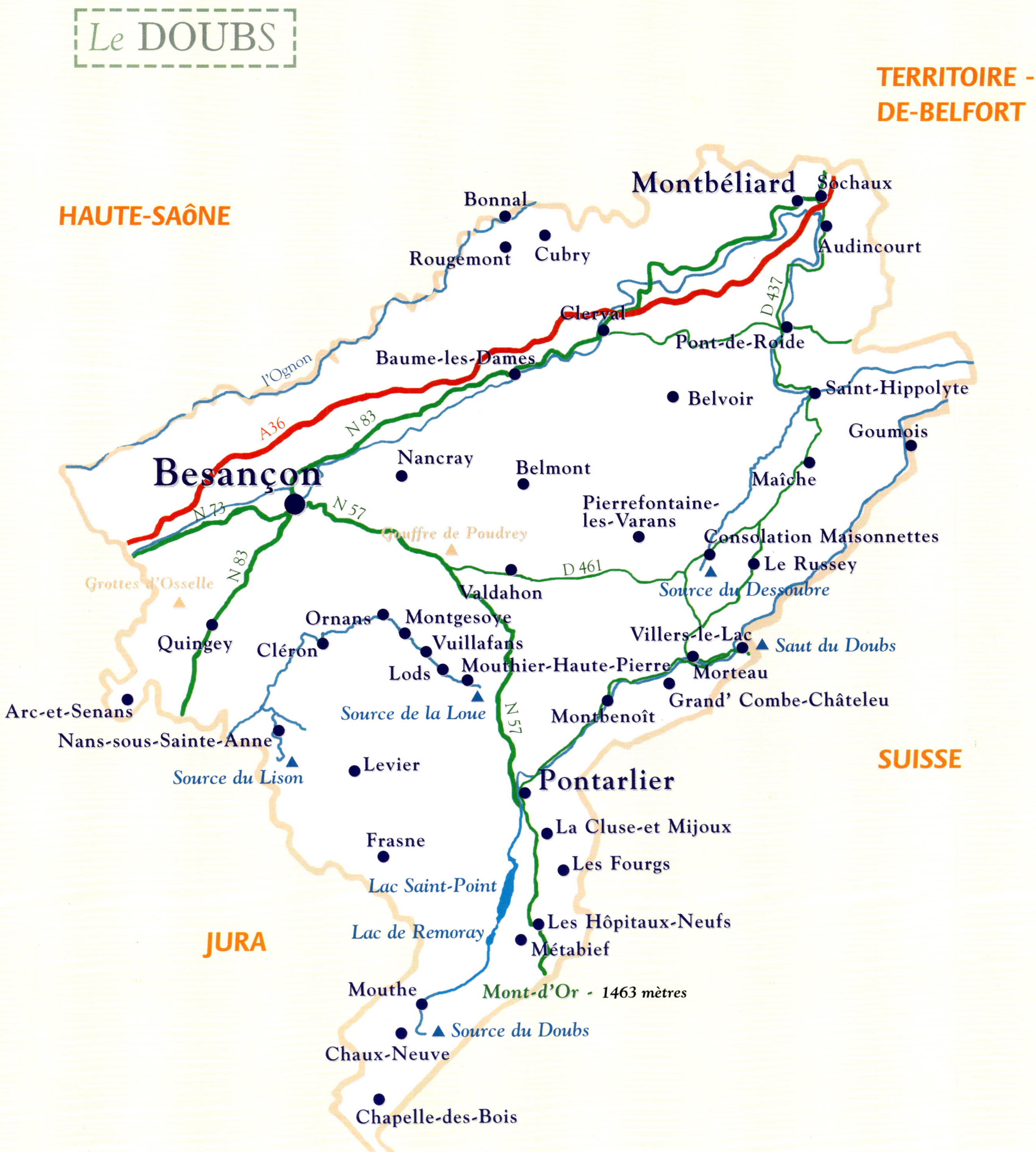
Le DOUBS
TERRITOIRE - DE-BELFORT
HAUTE-SAÔNE
Montbéliard
Sochaux
Bonnal
Rougemont
Cubry
Audincourt
D 437
Clerval
Pont-de-Roide
Baume-les-Dames
l'Ognon
Saint-Hippolyte
Belvoir
A36
N 83
Goumois
Besançon
Nancray
Belmont
Maîche
Pierrefontaine-les-Varans
N 73
N 57
Gouffre de Poudrey
Consolation Maisonnettes
Le Russey
D 461
Grottes d'Osselle
N 83
Valdahon
Source du Dessoubre
Ornans
Montgesoye
Vuillafans
Villers-le-Lac
Saut du Doubs
Quingey
Cléron
Mouthier-Haute-Pierre
Lods
Morteau
Grand' Combe-Châteleu
Arc-et-Senans
Source de la Loue
N 57
Montbenoît
Nans-sous-Sainte-Anne
Source du Lison
Levier
Pontarlier
SUISSE
La Cluse-et Mijoux
Frasne
Les Fourgs
Lac Saint-Point
Lac de Remoray
Les Hôpitaux-Neufs
Métabief
JURA
Mouthe
Mont-d'Or - 1463 mètres
Source du Doubs
Chaux-Neuve
Chapelle-des-Bois

Bibliographie succincte...

- *Le Doubs* - Jean Boichard, Pierre Gresser (Cêtre)
- Guide vert Michelin « *Jura – Franche-Comté* »
- Guide Gallimard « *Franche-Comté* »
- *Mon pays comtois* – André Besson (France-Empire)
- « *Architecture* » et « *Gastronomie* » Franche-Comté (Guides Gallimard)
- *Saveurs de Franche-Comté* (La Taillanderie)
- *La route des communes du Doubs* (C'Prim)
- *Le patrimoine du Doubs* (éd. de l'Est)
- *Pays comtois magazine*(s)
- *La Franche-Comté* – René Gast (éd. Ouest-France)
- *Au fil du Doubs* – Gérard Peter (éd. De Borée)
- *Le Doubs* – Jean-Louis Clade (éd. d'En Haut)
- *Montbéliard d'hier et d'aujourd'hui* – Jean-Paul Bourquin (éd. de la Vallée)
- *Franche-Comté tourisme* (éd. MCC)

Achevé d'imprimé novembre 2001 - Dépôt légal 4° trimestre 2001
Imprimé en UE